SERIES OF STUDIES
ON
CHINESE
CONFUCIUS
TEMPLES

中国文庙研究丛书

总　主　编　周洪宇

副总主编　赵国权

国家出版基金项目
NATIONAL PUBLICATION FOUNDATION

A
STUDY
ON
SHANGHAI
CONFUCIUS
TEMPLE

上海文庙研究

邓凌雁 著

山东教育出版社
·济南·

总序

德国哲学家雅斯贝尔斯在其所著《历史的起源与目标》一书中，曾提出人类文明的"轴心时代"这一命题，即在公元前500年左右，古希腊、以色列、中国和印度，都处在人类文明的重大突破期，都出现了伟大的精神导师，诸如古希腊的苏格拉底、柏拉图、亚里士多德，以色列的犹太教先知们，古印度的释迦牟尼，中国的孔子、老子等，他们的思想一直影响至今。但相比较而言，孔子更具有代表性，其所创立的儒家思想不仅影响中国社会两千多年而从未中断过，且被后世创造性地转化为物质载体即文庙。如同"四书五经"一样，文庙在儒学传承中扮演着不可或缺的角色。尤其是文庙与官学或书院融合后，形成了中国历史及儒学文化史上特有的"庙学合一"或"庙学""学庙"现象，也使得文庙作为儒家文化的标志性符号，以其独特的精神特质深刻影响着中国的政治生态、社会生态、文化生态和教育生态，还辐射到周边及欧美不少国家和地区，至今仍彰显其强大的生命力，成为国内外学术界热议不休的历史"活化石"。

壹

据史料记载，主祀孔子的庙宇有文庙、孔庙、学庙、庙学、学宫以及宣圣庙、至圣庙、夫子庙、先师庙、先师殿、大成殿、礼殿、燕居堂、中和堂等不同的称呼，然最流行、最常用的就是文庙和孔庙，因而一些权威的大型工具书在对文庙、孔庙加以解读时，不同程度地认同文庙即孔庙、孔庙即文庙。如商务印书馆修订本《辞源》解释说，孔庙在"明清时也叫文庙"，文庙即孔子庙，"元明以后通称文庙"。[1]顾明远主编的《教育大辞典》认为，孔庙"亦称文庙"，文庙"即孔庙……元以后多称文庙"。[2]近人的学术论著中也多持此意见，这主要是基于对主祀孔子这一历史存在的认同。

"文庙"一词，较早见于《南齐书》。齐高帝时的尚书右仆射王俭，针对明堂与郊祀之礼，曾引用《郑志》中赵商与郑玄的一番对话，赵商问曰："说者谓天子庙制如明堂，是为明堂即文庙邪？"[3]《新唐书》中又有"汉孝惠、孝景、孝宣令郡国诸侯立高祖、文、武庙"[4]的记载。汉惠帝刘盈乃刘邦之子，西汉第二位帝王。可见，在西汉初年就有文庙的称呼，只是此时的文庙与孔子及其被封为"文宣王"没有必然联系。

在古汉语中，"文"与"武"是相对的一组概念。按古制，凡有功于社稷的文臣武官，均可设庙祠以祀。如主祀姜子牙的武成庙、主祀岳飞的岳飞庙、主祀关羽的关帝庙等，都属于"武庙"。而主祀姬旦的周公庙、主祀孔子的孔庙、主祀孟子的孟庙、主祀颜回的颜庙、主祀子思的子思庙、主祀曾参的曾子庙，以及孟子游梁祠、子贡祠、武侯祠、包公

① 商务印书馆编辑部编：《辞源》，商务印书馆1979年版，第778、1362页。
② 顾明远主编：《教育大辞典》第8卷，上海教育出版社1991年版，第152页。
③《南齐书·礼上》。
④《新唐书·高郢传》。

祠、范公祠等，都属于文庙。且武庙与文庙各有其配享及乐舞礼制，如《宋书》所载，曹魏时期"制《武始》舞武庙，制《咸熙》舞文庙"[1]。尤其是自唐宋以后，各地既建文庙又建武庙。因此，广义上的文庙，是一种与武庙相对的、主祀有功文臣或先儒先贤的礼制性建筑，体现出历朝历代"文治"的政治意图，负载有"价值判断和意识形态韵味"[2]，属于文化史学研究的范畴。而狭义上的文庙，则单指主祀孔子的礼制性建筑，亦即孔庙，也就是本丛书所论及的文庙。

就狭义上的文庙来说，史料及后世文献多以孔庙相称，明清尤甚。这是因为孔子乃"文道"之奠基者。自汉初始统治者就开始推崇孔子及其创立的儒学，汉高祖刘邦路过曲阜时还"以太牢祠焉"[3]。汉武帝"独尊儒术"后，儒学便一跃成为官方哲学，在其后上千年的发展历程中，孔子犹如道教尊老子、佛教尊释迦牟尼一样被推上神坛，或被追封为"文宣王"，或被奉为"万世师表"，主祀孔子的礼制性建筑文庙也逐步遍设于京师及全国各地。

按所承载的功能，文庙可以分为四类：

一是国庙。这是由帝王代表国家祭拜孔子的礼制性建筑，主要是设于京师的皇家孔庙。曲阜孔庙在京师未设孔庙之前曾一度扮演国庙的角色。

二是家庙。家庙是孔子家族的宗庙，如曲阜孔庙、浙江衢州孔庙以及河南郏县文庙（既是家庙又是学庙）等。

三是学庙。因庙设学、因学设庙或庙学同建，形成"庙学合一"的格局，具体是指与各级官学及书院直接相关的主祀孔子的庙宇，因而也多被称为"庙学"。明清时期多被称为文庙，如上海文庙、苏州文庙、郑州文庙等。还有被称为学宫的，如广东的番禺学宫、海南的文昌学宫等。此类文庙数量庞

---

① 《宋书·乐一》。
② ［英］海伍德：《政治学核心概念》，吴勇译，天津人民出版社2008年版，第4页。
③ 《史记·孔子世家》。

大，除少量的国庙、家庙、村庙外，其余的全部是学庙。

四是村庙。凡是学庙普及不到的边远地区，地方官员为推崇弘扬儒学、满足民众对圣人孔子的崇拜和对儒家文化信仰的需求，便在人口聚集区的村镇设孔庙奉祀孔子及有功于儒学的先儒先贤，可称之为"村庙"。如福建连城县培田村有一处清乾隆四十四年（1779年）所建的"文武庙"，文庙和武庙建在一栋两层阁楼内，下层武庙祀关羽，上层文庙祀孔子。在中原一带，多有因孔子圣迹所到之处而建的纪念性孔庙，如河南永城的芒砀山夫子庙是为纪念孔子在此避雨晒书而建的，河南淮阳的弦歌台为纪念孔子在此绝粮依然"弦歌不衰"而建（附有书院，亦为学庙）等。村庙数量不多、规模不大、建制不一，但与其他文庙一样承载着传承儒学与社会教化的功能。

贰

文庙起始于何时，学术界众说纷纭，或言早至春秋，或曰晚至唐朝。但无论始于何时，它总有一个产生、发展及演变的过程，其历史积淀也足以占据儒学发展的半壁江山。

文庙的雏形当从曲阜因宅设庙始，即孔子去世后，其居室由后人奉为庙，"故所居堂、弟子内，后世因庙，藏孔子平生衣、冠、琴、车、书"，且在孔子冢祭奉孔子，"鲁世世相传，以岁时奉祠孔子冢，而诸儒亦讲礼、乡饮、大射于孔子冢"。①此时的曲阜孔庙虽属家庙性质，并非严格意义上的礼制性庙宇，孔子冢之学亦属私学，且孔庙与孔子冢不在一处，但毕竟是主祀孔子，又兼有私学活动，可称之为文庙雏形，实开文庙建制之先河。

① 《史记·孔子世家》。

文庙与政治结缘、与官学融合，可追溯到东汉时期蜀郡重修的文翁石室（即蜀郡郡学）中的"周公礼殿"。据史载："蜀儒文章冠天下，其学校之盛，汉称石室、礼殿，近世则石九经，今皆存焉。"[①]可以说，蜀郡郡学中的周公礼殿实乃"中国古代庙学合一的最早范本"，"曲阜之外中国所建最早祭祀周公、孔子的机构"。[②]但这只是地方政府行为，尚未在全国实施，更是主祀周公，并非孔子。自汉武帝"独尊儒术"后，统治者把尊孔崇儒提到国家治理的高度，开始加封孔子及其后裔。永平二年（59年），汉明帝更是诏令郡县学校皆祀周公、孔子。这是首次以中央诏令的形式祭祀周公、孔子。

魏晋南北朝虽王朝更替频繁，加之佛道及玄学的冲击，但统治者的尊孔崇儒政策没有弱化，文庙礼制建设多有成就。如曹丕于黄初二年（221年）下令，"鲁郡修起旧庙，置百户吏卒以守卫之，又于其外广为室屋以居学者"[③]，还要求各地修葺孔庙，重开祀孔之制。东晋时在国子学"增造庙屋一百五十五间"[④]。北魏太武帝时"起太学于城东，祀孔子，以颜渊配"[⑤]，开创中央国学祭孔之制；孝文帝不仅在国都平城（今山西大同）创建孔子庙，开国都孔庙之先河，还下诏规范祭孔礼制，要求"自今已后，有祭孔子庙，制用酒脯而已"[⑥]等。

隋唐时期重新确立儒学及孔子的政治地位，文庙进一步规范化和制度化。唐高祖李渊于武德二年（619年）下诏在国子学中立周公、孔子庙，四时致祭。唐太宗李世民下令停祭周公，开国学文庙主祀孔子之先例；贞观二十一年（647年）开始确立追祀先贤先儒的制度，是年唐太宗下诏，以左丘明等二十二人配享文庙。开元八年（720年）唐玄宗下诏，以颜回等十哲从祀孔子，并塑为坐像；开元二十七年（739

①［宋］席益：《府学石经堂图籍记》，见［宋］程遇孙等编《成都文类》卷30，文渊阁四库全书本。

② 舒大刚、任利荣：《"庙学合一"：成都汉文翁石室"周公礼殿"考》，载《四川大学学报（哲学社会科学版）》2014年第5期。

③《三国志·魏书二·文帝纪第二》。

④《宋书·礼一》。

⑤《魏书·世祖纪上》。

⑥《魏书·高祖纪上》。

年）追谥孔子为文宣王，追赠颜回为兖国公，其余九哲弟子皆为侯，另追赠曾参以下七十三人为伯，孔子自此开始被称"王"。自唐以来，庙学合一进程逐步推进，庙学之制更加完备，史载"唐开元间，定孔子为先圣庙，而衮冕南面，每岁春秋祀焉，由是庙学之礼益备，凡有学者必有庙，示其尊也"[1]。

宋元时期，文庙设置更为普遍，"宋兴，崇尚文治，吾夫子之祀遍天下"[2]。不仅是官学，还有自宋朝日益兴起的书院内也必崇祀孔子，"每个书院必塑有孔子及十哲的肖像，甚至图画七十二贤一同配享"[3]。尤其是北宋至和二年（1055年），宋仁宗开加封孔子嫡长子孙"衍圣公"的先例；南宋绍兴十年（1140年），宋高宗诏令"以释奠文宣王为大祀"[4]，即规定祭祀孔子的礼仪与祭祀社稷的大礼相同，均为国家级的重大祀典。至元朝，元武宗加封孔子为"大成至圣文宣王"[5]；至明朝嘉靖年间，历经数百年的"孟子升格运动"，儒学的重要传承人孟子被正式封为"亚圣"。在此情况下，文庙遍及全国各地，"郡县有学，学必有庙"[6]。

明清时期，"文庙"这一称呼开始被广泛使用。朱元璋即位后，改称孔子为"先师"，洪武元年便"以太牢祀先师孔子于国学"[7]，还"诏天下通祀孔子"[8]。明永乐八年（1410年），不仅"令天下文庙圣贤衣冠绘塑不合古制者悉改正"[9]，且改学校先师庙为"文庙"，自此"文庙"之名盛行天下。至明末，全国各地所建文庙多达1560所。[10]清初，康熙帝亲笔御书"万世师表"匾额悬于文庙大成殿，这是历史上首次称颂孔子为"万世师表"，表达出统治者对孔子及儒学的敬仰之情，也昭示出儒学的文化力量。至清末，文庙增至1740多所。[11]

① 吴澄：《崇仁县孔子庙碑》，见《吴文正公集》卷15，台北新文丰出版公司1985年版。
② [南宋]陈宜中：《学道书院记》，见《苏州府志》卷26，清光绪九年刊本。
③ 陈青之：《中国教育史》，商务印书馆1936年版，第195页。
④《宋史·高宗六》。
⑤《元史·武宗一》。
⑥ [清]阮元：《两浙金石志·杭州路重建庙学之碑》。
⑦《明史·太祖二》。
⑧《明史·太祖三》。
⑨《明会典·卷八十四》。
⑩ 王贵祥：《明代不同等级儒学孔庙建筑制度探》，载《中国建筑史论汇刊》2012年第2期。
⑪ 刘新：《儒家建筑文庙》，中国建筑工业出版社2013年版，第18页。

清末开办新式学堂后，庙学开始分离，文庙由以往的祭祀与教学两大主要功能蜕变为单一的祭祀功能，没有了"官学"这一光环，其维修和保护自然会受到一些影响；但不能否认其大教育功能的存在，那就是继续承担着社会教化的重任，且依然是广大士子心仪向往的神圣殿堂。虽经风风雨雨，仍有不少的文庙得以较好或部分地保存下来。改革开放后，文庙作为优秀传统文化的重要组成部分而受到普遍关注，其资源的开发和利用也被提到日程上来，文庙发展又迎来了一个新的春天。据国家文物局《文庙、书院等儒家遗产保护利用现状调研报告》（内部资料）统计，截至2016年底，除内蒙古、西藏、宁夏及台湾、香港、澳门外，共有327处文庙列入省级重点文物保护单位和全国重点文物保护单位名录，其中国保级文庙为108处。此外，日本、韩国、越南等周边国家也有近100处文庙。可以说，文庙立足本土，辐射周边，形成足以和佛寺、道观相媲美的"儒庙景观"。

叁

自文庙登上中国历史的舞台，便开始发挥其独特的多元功能，影响到中国的政治生态、文化生态及教育生态。

毫无疑问，文庙的强势缘于与政治生活的结合。自西汉确立以儒治国后，魏晋至明清皆秉承儒治政统，不断提高孔子及儒学的地位，称孔子为"人伦之表"，称儒学为"帝道之纲"，为此不断地完善庙祀孔子的礼仪制度。期间，儒学确实遭受过不同学术流派的冲击，但因儒学自身的包容性与再生力，以及与政治生活的紧密联系，它在博弈中始终占据着权力的中心位置。历代各地文庙正是在这一儒化的背景下得以建造的，反过来又对政治生态起到一种固化作用。诸如每当因社会剧烈震荡带来道德秩序的破坏、所谓"不孝不悌之事，频见词诉"①之时，统治者都毅然决然地动用儒学来拯救社会道德的缺失。每当基业稳定之际，统治者又会诏令修建文庙以传承儒学，并利用文庙祭孔活动来"宣德化""正人心"。总之，要让"君君、臣臣、父父、子子"等伦理观念根植于官员及民众心中，杜绝一切"僭越"行为，借以维系和谐的政治生态。

基于与政治生活的结缘，文庙在一定程度上成为以儒学为主体的中国传统文化反映在现实中的物化形式。这一被物化的建筑群，与"四书五经"一样，具有同等重要的文化传承价值。如果说"四书五经"借助文本来传承儒家文化的话，那么文庙则是借助建筑、礼仪等起到文化传承的作用。诸如按照礼制，文庙建筑分别有九进、七进、五进、三进院落等，常与官学毗邻，庙中有学、学中有庙等，将古代的庙宇性建筑文化传承至今。又如文庙的祭祀活动，从供奉人物的选择、座序排列到祭祀时的祭器、祭品、礼服、礼仪、音乐、舞蹈等，无不在制造一定的场境和氛围，引发民众对儒学文化的认同，从而形成特有的文化基因和精神特质，以至祭祀文化代代相传，生生不息。

基于文庙与官学或书院的结缘，文庙的设施及祭祀活动又有"风励士子"的强大教化功能，足以使在读学子形成对师道和学业的敬畏感。这是因为文庙中的受祀对象，已成为道德、道统、学统的象征，是言谈举止、待人接物的标杆，更是一种精神文化的符号。那么在文庙内祭拜这些先圣先贤，足以"使天下之士观感奋兴，肃然生其敬畏之心，油然动其效法之念"②，亦即通过"营造出一种庄严肃穆的场景，

① [南宋] 徐元杰：《延平郡学及书院诸学榜》，见《梅野集》卷11，文渊阁四库全书本。
② [清] 庞钟璐：《缮写成帙恭呈御览仰祈》，见《文庙祀典考》卷50，清光绪戊寅家藏本。

使人们对先圣先师先贤等供祀对象的崇敬之情升华为一种神圣的体验"[1]。正是这种庄严肃穆的文化场景，使得诸生在先圣先贤像前"穆然而志专，徘徊乐之，不忍去也"[2]。从"穆然"到"乐之"再到"不忍去"，足见谒祠之举对在院生徒的感染力之大。更使得"自为童子时"的文天祥，看到文庙中还奉祀乡贤先儒欧阳修、杨邦乂、胡铨等塑像，且"皆谥忠"，欣然慕之曰："没不俎豆其间，非夫也。"[3]如此，一代代学子带着对师道和学业的敬畏，去追逐"希圣希贤"的人生理想，最终实现"传道济民"的处世目标，这也是"庙学合一"价值的最好体现。

肆

正因为有如此多元的价值及功能，文庙才能在庙学分离后艰难地生存下来，后来者才能继续守望着中华优秀传统文化这块沃土而不至于断裂或丢失。改革开放以来，国家更加重视保护和弘扬中华优秀传统文化，文庙作为儒家文化的载体自然迎来了难得的发展机遇。曲阜孔庙的祭孔活动以往由民间团体主持，从2004年起转而由地方政府主办，2007年又上升到由山东省政府与教育部、文化部等联合主办，由此带动了各地文庙的官方"祭孔"活动；越来越多的文庙遗存被列为全国重点文物保护单位，同时带动了全国各地对文庙遗存的修复和保护工作。党的十八大报告明确指出"文化是民族的血脉，是人民的精神家园"，并基于对优秀传统文化营养的汲取，提出了"二十四字"的社会主义核心价值观。2014年五四青年节当日，习近平总书记在与北京大学师生座谈时指出，中华优秀传统文化已经成为中华民族的基因，植

① 肖永明、唐亚阳：《书院祭祀的教育及社会教化功能》，载《湖南大学学报（社会科学版）》2005年第3期。
② ［南宋］陈傅良：《潭州重修岳麓书院记》，见《止斋集》卷39，文渊阁四库全书本。
③《宋史·文天祥传》。

根在中国人内心，影响着中国人的思维方式和行为方式，今天，我们提倡和弘扬社会主义核心价值观，必须从中汲取丰富营养，否则就不会有生命力和影响力。2017年1月，中共中央办公厅、国务院办公厅印发《关于实施中华优秀传统文化传承发展工程的意见》。该意见指出，在五千多年文明发展史中孕育的中华优秀传统文化，积淀着中华民族最深沉的精神追求，代表着中华民族独特的精神标识，是中华民族生生不息、发展壮大的丰厚滋养，是中国特色社会主义植根的文化沃土，是当代中国发展的突出优势，对延续和发展中华文明、促进人类文明进步，发挥着重要作用。同时，该意见从重要意义、总体要求、主要内容、重点任务、组织实施和保障措施等方面予以战略性、全局性部署。党的十九大报告中，同样强调"文化是一个国家、一个民族的灵魂。文化兴国运兴，文化强民族强。没有高度的文化自信，没有文化的繁荣兴盛，就没有中华民族伟大复兴"，"中国特色社会主义文化，源自于中华民族五千多年文明历史所孕育的中华优秀传统文化"，在新时代传承与弘扬优秀传统文化，必须"创造性转化、创新性发展"。那么，文庙作为传播儒学的主阵地，理应成为培育和践行社会主义核心价值观的重要文化阵地。事实上，已有部分文庙积极开展国学教育普及活动，如举办成人礼、开笔礼、拜师礼等，取得明显效果。

但在现实中，文庙的发展还面临诸多问题或难题。有些地方政府文物保护意识淡薄，有部分文庙遗存得不到正常的维修和保护；部分得到保护的文庙，其蕴藏的多元功能尚未得到有效发挥，甚至存在过于功利化的倾向；部分文庙设施及祭祀活动不合礼制，存在一系列具体问题，比如祭祀日应是生日还是卒日、受祀对象只是孔子还是分层次进行、每年各地文庙是同时祭祀还是"各自为政"、祭文是年年都写还是规范统一，以及在东西两庑及乡贤祠、名宦祠中是否可以续增一些新儒学代表人物等问题。要根本解决文庙发展中的问题，有待于对文庙的深入系统研究。

伍

自从文庙问世后，就有不少学者从不同的角度、用不同的方式，对文庙的建制、布局、祭祀、教化等问题做过不同程度的思考和论述。自明清以来，在举国编著大型丛书、类书的驱动下，大批学者开始对文庙的各种资料进行梳理、研究和汇编。如《明史·艺文志》就载有潘峦的《文庙乐编》、何栋如的《文庙雅乐考》、黄居中的《文庙礼乐志》、瞿九思的《孔庙礼乐考》；《清史稿·艺文志》载有阎若璩的《孔庙从祀末议》、庞钟璐的《文庙祀典考》、蓝锡瑞的《醴陵县文庙丁祭谱》、郎廷极的《文庙从祀先贤先儒考》等。此外，还有陈锦的《文庙从祀位次考》、张�的《文庙贤儒功德录》、金之植的《文庙礼乐考》、牛树梅的《文庙通考》以及民国时期孙树义的《文庙续通考》等。这些成果对文庙的发展流变、建筑形制、祭祀礼仪及从祀制度等都做了系统考辨。改革开放以来，随着国家对优秀传统文化传承的重视及文化遗存保护力度的加强，文庙研究呈现出良好的发展态势，先后出版多部有代表性的学术著作，诸如范小平的《中国孔庙》（2004）、陈传平主编的《世界孔庙》（2004）、刘亚伟的《远去的历史场景：祀孔大典与孔庙》（2009）、孔祥林等的《世界孔子庙研究》（2011）、彭蓉的《中国孔庙建筑与环境》（2011）、董喜宁的《孔庙祭祀研究》（2014）、朱鸿林的

《孔庙从祀与乡约》（2014）等。这些学术成果从历史学、建筑学、考古学、美学等多学科多维度对文庙进行了系统性、综合性思考与研究。但在文庙理论的提升、文庙精神的挖掘、文庙文化的传播、新时代文庙如何保护利用等问题上，还需要我们进一步去思考、去探索。

　　本套"中国文庙研究丛书"以马克思主义唯物史观和方法论为指导，以全球视野、中国立场、问题意识、实践导向为基本价值取向，坚持历史与逻辑相一致、宏观与微观相统一、本土与域外相参照、理论与实际相结合的基本原则，充分运用历史法、文献法、比较法以及田野调查、计量分析、文本叙事、图像佐证等研究方法，从选址布局、建筑特色、祭祀礼制、教化活动、文化传承等多个维度，对各地有代表性的文庙逐一进行微观分析和深度描述，使其成为介于学术性和普及性之间的一套文庙研究丛书。纳入丛书第一辑的有十二部研究专著，分别是《曲阜孔庙研究》《西安文庙研究》《上海文庙研究》《郑州文庙研究》《太原文庙研究》《苏州文庙研究》《南宁文庙研究》《济南府学文庙研究》《宁远文庙研究》《定州文庙研究》《建水文庙研究》《正定文庙研究》，其他有代表性的文庙也正在研究之中。在此基础上，我们后续会进行历代文庙史料搜集与整理以及文庙专题研究、文庙通史研究等，努力使"文庙学"成为一门专门学问。同时，也期待有更多的文庙爱好者加入文庙研究队伍，通过深入系统的研究以及多种形式的学术交流活动，让中国的文庙文化走向世界，让世界了解中国的文庙文化。

周洪宇

2020年12月

目录

03 > 上海文庙的祀制及礼仪

04 > 上海文庙的教育教学

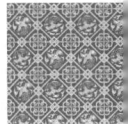

引言

（一）

上海地区自明代以来竹枝词创作兴盛，无事不可入诗。竹枝词是一种特殊的文体，它名为词而非词，是以七言四句为主要形式的诗，又受民谣影响，兼具民歌和格律诗特色，工整通俗、长于记事，俗中见雅。竹枝词地域特色鲜明，内容反映了独特的风土地理、风俗民情。上海百姓用竹枝词记录着上海的历史变迁和文教发展。

其十

黄浦西边沙渐壅，黄浦南边潮不通。
高田旱涸低田没，官府谁兴水利功。

其十一

黄浦西边黄渡东，张泾正与泗泾通。
船航昨夜春潮涨，百里华亭半日风。

其十二

大浦横塘九里湾，早潮船上晚潮还。

侬心恰似东流水，直到海门无日闲。①

以上三首竹枝词为明代初期上海县学文庙训导、洪武《上海县志》的编纂者顾彧②所作，诗中描绘了上海县黄浦三个不同历史时期的三类不同的水道状况。第一首中，顾彧愤懑地指出黄浦水利年久失修，河道淤积，不是"沙渐壅"就是"潮不通"，而官府懒政，忽视水利建设。第二首描绘了疏通河道、连接张泾与泗泾后，黄浦水面抬升，船运通行比以前更为便利。而第三首描绘了水道整治疏通后，黄浦可以东流入海，航行通畅，一日之内可以早上发船始航、傍晚趁回潮返航，航行效率大大提高，黄浦货运繁忙。

明代以前，没有"黄浦江"这一叫法，不称其为"江"，只称"浦"。当地最宽最长的主干河流和入海口是吴淞江和吴淞口，黄浦仅是吴淞江的分支。

明朝初年南方洪水泛滥，永乐二年（1404年），户部尚书夏原吉③奉命治理太湖水系，以疏通为主。夏原吉利用黄浦联结范家浜，引太湖之水进入刘家港、白茆港，加宽挖深黄浦，引浦水东北流入海，解决了太湖的水患问题，开通南北走向的范家浜，形成了今闸港以下的一条以黄浦、范家浜为主的新水道，基本形成今日所见之黄浦江。④

明朝这一"江浦合流"水利工程造就了黄浦江，也造福了上海县，水路便利的上海县迅速成为江南地区重要的海运、河运津要。

上海县不仅有黄浦江的环抱，还有吴淞江、肇家浜、南浦等河流滋润，地势平坦开阔，东临东海，北濒长江口，南

① 孙杰编著：《竹枝词发展史》，上海人民出版社2014年版，第167页。

② 顾彧曾任上海文庙训导，后来升任户部侍郎。据现存诸多上海县志的文字记载，顾彧编著有洪武《上海县志》（今已佚）。洪武年间顾彧所纂《上海县志》久佚不传，现今只闻其名，而未见过真实版本。笔者经多方查找，仍未寻见。但资料收集过程中集齐了弘治《上海县志》、嘉靖《上海县志》、万历《上海县志》、康熙《上海县志》、嘉庆《上海县志》、同治《上海县志》、民国《上海县志》、民国《上海县续志》以及后续新近编著的《上海县志》《南市区志》《黄浦区志》，确认现今无洪武《上海县志》流传。

③ 夏原吉（1367—1430），明朝初年重臣，受明太祖朱元璋、明成祖朱棣重用，于永乐年间主持治水。

④ 褚绍唐：《上海历史地理》，华东师范大学出版社1996年版，第864页。

上海文庙研究

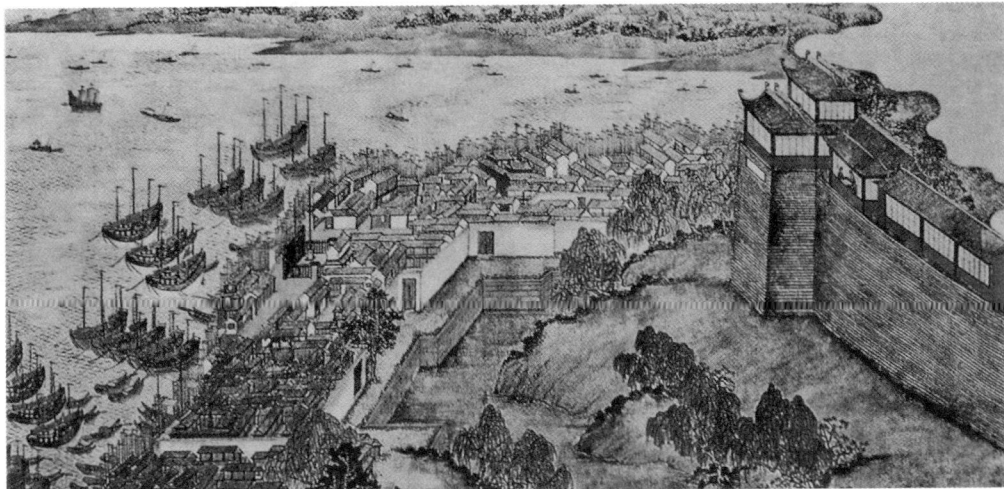

清道光年间曹史亭所绘开埠后的黄浦江十六铺码头
（图片来源：上海水务局编《黄浦江旧景》，上海人民美术出版社2006年版，第1页。）

望杭州湾，是南北海岸线中间的重要枢纽。自然而然地，上海这个曾经的小渔村逐渐演变为"江海通津，东南都会"，经济发展、城市繁荣也为人口兴盛及文教事业的发展奠定了良好的物质基础。

清代，上海县作为东部沿海的贸易重镇，既有优越的天然海港口岸条件，又有得天独厚的地理环境优势，所以城市繁盛，贸易发达，商贾云集。乾隆年间文人李林松在《沪渎竹枝词》中描绘了当时上海县雄踞长江、黄浦江、吴淞江之畔及东海之滨，江运、海运、河运、漕运之便利，航运发达、贸易繁盛之景象：

春申江上水滔滔，西接吴淞泊万艘。
东海一重门户在，莫矜七发赋秋涛。①

① 顾炳权编著：《上海洋场竹枝词》，上海书店出版社2001年版，第458页。

上海外滩老照片（图片来源：图虫创意）

1840年以后，随着上海开埠和近代工商业的兴起，上海成为列强侵略中国的前沿阵地。黄浦江畔建起了各国新式建筑。新鲜事物的出现，使得可以入竹枝词的内容、题材大量增加，激发了文人的创作热情。譬如，晚清民间流行的一首《春申浦竹枝词》展现了黄浦江的新景象：

> 春申浦绕沪江城，浦上潮来昼夜声。
> 试望洋楼高耸处，花旗飘拂晚云明。①

正如这首竹枝词中所描绘的，黄浦江畔洋楼高耸，美租界的新式建筑上象征美国的星条旗在晚霞映衬下分外抢眼。外滩曾是"建筑博物馆"，也曾经是西方列强在上海的政治、金融、商务中心。当贪婪的侵略者踏上上海这片土地时，就看中了黄浦江畔的这片江滩，纷纷租赁浦西岸线，搭建码头，设置堆栈，开设工厂。各国领事馆、银行、商会也大都集中于此，外滩随之成为国际金融资本在中国的大本营。时至今日，翻开历史新篇章，当代上海人又用竹枝词吟诵黄浦江的新篇章：

① 顾炳权编著：《上海洋场竹枝词》，上海书店出版社1996年版，第48页。

万国建筑展鸿图，十里洋场嵌史书。

黄浦江潮淹旧耻，陆家嘴岸拓新途。①

　　黄浦江，一衣带水，贯中西也通古今。岸边曾经是船夫与苦工踏出来的纤道，经过了百余年的精心建设，现在呈现出新时代的景观——浦东的东方明珠、金茂大厦、上海中心、上海环球金融中心、正大广场等地标景观，与浦西的汇丰大楼、亚细亚大楼、上海总会大楼等西方古典式建筑交相辉映。这里古典主义与现代主义并存，已成为上海独特的象征。

　　黄浦江缓缓流淌，从古至今，夹杂着远古的泥沙，映照着前人的倒影，回荡着百年的屈辱，摇曳着十里洋场的浮华，同时，张扬着改革开放后的勃勃生机。那如长龙般蜿蜒的身姿是那么清晰，仿佛所有消失的都未曾消失，而是稳稳地浮现在宽阔的江面上。

　　历史封尘不了的是璀璨的东方儒学之光。黄浦江畔，还有一处沉淀了七百余年岁月沧桑的历史古迹，她是上海昔日儒生向往的精神圣地和信仰圣域，是旧时培养高级知识分子的官办学校所在地——上海文庙。

（二）

　　一座城市地域文化的形成与当地的地质地貌、气候河流、区域经济、历史沉淀、思想文化、宗教习俗等息息相关，这是一座城市的形成之基。同时，一座城市独一无二的地域文化特征也突出地体现在商业、贸易、教育、宗教、建

① 黄汉江：《外滩·陆家嘴·黄浦江　七绝诗五首》，载《基建管理优化》2015年第1期。

上海都市风光（图片来源：图虫创意）

筑以及市民生活等方面，它渗透到一座城市的角角落落，甚至流淌在这个城市居住者的血脉性情之中。

翻开史册，透过历史中的这个曾经的小渔村，审视七百余年的沧桑岁月，解读这个沉静在黄浦江怀抱中的儒学圣地——上海文庙。

清代中期嘉庆《上海县志》有云："上海县也，东连大海，北绕吴松，西南环歇浦，洪涛巨浪所在多有，其潮汐往来足以育灵异而助文澜。"[1] 上海地处东南海隅，商业兴盛，在道光年间被开辟为通商口岸以前，已有"江海通津，东南都会"的美称。斗转星移，江畔这不起眼的小渔村，从"上海浦"发展到"上海务""上海镇"，从"上海镇"发展为"上海县"，最终成为今天的国际化大都市。

① 王大同修，李林松等纂：嘉庆《上海县志》序，清嘉庆十九年刻本。

历代上海隶属演变表

历史时期	上海地域隶属关系
春秋	吴国、越国
战国	楚国
秦	会稽郡
汉	扬州——吴郡
三国·吴	扬州——吴郡
南朝	扬州——吴郡
隋	扬州——吴州 / 苏州吴郡
唐	江南东道——吴郡 / 苏州——华亭县
五代	吴越——苏州 / 秀州——华亭县
宋	两浙路 / 两浙西路——秀州 / 嘉兴府——华亭县
元	江浙行省——松江府——上海县
明	南直隶——松江府——上海县
清	江苏省——江苏布政使司——松江府——上海县

（表格据同治《上海县志》及相关现代历史地理学文献内容整理。）

  上古时期，现今上海东部地区尚未形成陆地，后来随着海岸线东移，在泥沙沉积和海浸海退过程中，逐渐形成陆地。据史料记载，今上海市辖区春秋时期属吴国、越国两国，战国时期曾是楚国春申君黄歇的封邑，秦汉以后主要属于海盐、娄县诸县。而据近年来的考古发现，上海地区的历史，可以远及六千年前的新石器时代，比文献记载中的春秋战国时期要早得多。但因历时久远，史料和佐证残缺，秦汉以前几乎不可详细考证。隋唐时代也仅能沿地域范围寻踪索迹，窥其概略，宋元以后才有方志可据。嘉庆《上海县志》记载："上海，为华亭所分县，大海滨其东，吴淞绕其北，黄浦环其西南。"①唐天宝年间，吴郡太守奏准设立华亭县，上海地区始有相对独立的行政区划。

北宋时期，尚未有上海县之设置。上海地区分属华亭县、昆山县和海门县，下辖有镇。青龙镇，是北宋在华亭县东北设立的一个贸易口岸，政府在此设有市舶提举司及榷货场。吴淞江水面"唐时阔二十里，宋时阔九里"②，吴淞江的出海口青龙镇，是华亭县东北的贸易港口。据传，三国时期东吴造船与航运业发达，著名的青龙战舰就在这里打造。青龙战舰上可以出海北上，下可以通太湖及运河水域、杭嘉湖地区。北宋政和四年（1114年），政府在青龙镇设立市舶提举司及榷货场，管理中外来港船只的贸易和税收事宜。宋代海上贸易的发展促进了青龙镇的发展，据南宋梅尧臣所撰《青龙杂志》记载，青龙镇有"小杭州"之称。2016年，上海文物局、上海博物馆正式公布重大考古发现，考古学者在位于上海青浦区白鹤镇的青龙镇遗址中发掘出6000余件名窑瓷器及数十万片瓷片——为唐宋时期转运高丽与日本的外销瓷，这些文物与文献记载相印证，说明青龙镇是唐宋海上丝绸之路上的繁华港口之一。南宋中叶，由于地理环境的变迁，海岸线东移，河道淤塞，海船不能直达青龙镇。运输条件的变化，导致青龙镇慢慢衰落。青龙镇下游的上海镇便得此机会，兴旺起来。

上海处于吴淞江南岸支流，原只是一个渔村。据明朝弘治《上海县志》记载，上海之名是因为该地"本华亭海地，居海上之洋"③。由于船运河道状况的改变，往来船只便改泊下游的上海浦。

① 王大同修，李林松等纂：嘉庆《上海县志》卷1《疆域》，清嘉庆十九年刻本。
② 王大同修，李林松等纂：嘉庆《上海县志》卷1《疆域》，清嘉庆十九年刻本。
③ 郭经、唐锦编纂：弘治《上海县志》卷1《疆域志》，明弘治十七年刊本。

《平阳曹氏族谱》卷首《范溪旧序》记载"熙宁七年置上海镇",这是迄今为止关于上海镇建镇确切时间的唯一史料。[①]南宋熙宁七年(1074年),上海正式建镇。此时的上海镇"领户六万四千有奇,岁计粮十有二万石,酒课税中钞一千九百余锭"[②]。可见,上海镇当时已成为华亭东北的巨镇和重要贸易口岸。

元朝建立后,重视海上贸易,鼓励外国商船往来。元至元十四年(1277年),上海设立市舶司,成为当时全国"四大市舶司"之一,与泉州、庆元和澉浦并称。据记载,这时的上海"有榷场,有酒库,有军隘、官署、儒塾、佛官、仙馆、毗廖、贾肆、鳞次而栉比,实华亭东北一巨镇也"[③]。上海设县是上海早期发展史上的一件大事,由"镇"到"县"的升格,是上海的又一次华丽转身。元政府于至元二十八年(1291年)批准设立上海县,辖于松江府,首任达鲁花赤为雅哈雅,首任县尹是周汝楫。元朝时期上海县的面积约2000平方公里,县域约今吴淞江故道以南市区、青浦县大部、闵行区大部、浦东新区大部和南汇县。元朝后期,上海地区有松江府和嘉定、崇明两州及华亭、上海两县。据史料记载,元朝至正年间,上海县的居民已达到七万人之多,其中有不少人口为船商、海船员工。

上海元朝设县后,很长一段时间没有城池,直至明代嘉靖时期。究其原因,上海历来被认为是"素无草动之虞"的世外桃源,唐代以前这里人烟稀少,偏僻而落后,战火没有波及于此。即便发展起来以后,上海在宋元时期还是一直没有城池,况且建城需要土地、经费、人工,需要大量的组织工作,所以历史上虽有人提出过上海要筑城的主张,但"屡议而屡寝焉"[④]。这样的状况一直持续到明嘉靖年间。明朝

① "上海建镇与否"及"上海建镇确切时间"当前在历史学界还是一个存在争议的问题。20世纪60年代,上海史学界关于"上海建镇年代"曾进行了一次广泛的讨论,基本形成了宋末说、宋时说、咸淳说、绍兴中说、熙宁七年说以及上海未建置镇等几种不同说法,但无确切史料证明,所以未有定论。其中熙宁七年说的支持者以洪铭声为代表。本文采纳此说法,但此说在学界并未受到一致性承认。2019年上海复旦大学傅林详教授曾撰文《宋代上海建筑建镇说质疑》质疑,认为此时的"镇"仅为民间俗称,而非官方所设的行政区划单位。2018年,上海市浦东历史研究中心的周敏法在《上海史研究》发表《上海建镇年代考证辩》,重提熙宁七年说,论证1074年上海正式建镇一说。
② 郭经、唐锦编纂:弘治《上海志》卷5《建设志》,明弘治十七年刊本。
③ 唐时措:《上海公署记》,见郭经、唐锦等纂弘治《上海志》卷5《建设志》,明弘治十七年刊本。
④ 应宝时修,俞樾等纂:同治《上海县志》卷2《建置》,清同治十一年刻本。

后期政府日趋腐败，海防松弛，边疆空虚，倭寇遂勾结沿海的奸商、海盗，烧杀劫掠，大肆骚扰东南沿海。嘉靖三十二年（1553年），倭寇侵犯上海，"杀戮士民、劫掠男女无算"①。倭寇遁去后，上海官吏、士绅、百姓纷纷要求筑城自保。当年九月城池破土动工，旦暮赶筑，日夜抢修，终于在十一月建成，前后仅仅花费了两个月的时间。上海县城池为圆形，周长九里，城高二丈四尺，城门六座，俗称大东门、大南门、老西门、老北门、小东门、小南门。县城内的县署周围是最早开发的地方，成为县城的中心。按照古代的风水堪舆之法，"东南有文德之象"，所以通常县治以东是学宫，上海县城也不例外。

（三）

文庙，又称学庙、夫子庙、孔庙、文昌宫、文宣庙、先师庙等，因唐玄宗追封孔子为"文宣王"，文庙的叫法从唐代起开始流行。北宋时期，宋真宗加谥封孔子为"玄圣文宣王"，后又改谥"至圣文宣王"，文庙之称由此盛行。如今，上海地区有多座文庙，如南市文庙、嘉定孔庙、崇明学宫等，而通常意义上的上海文庙则指的是坐落于上海黄浦区老城厢文庙路215号的南市文庙，即昔日上海县的县学文庙。

上海文庙的源头可以追溯到南宋末年的上海镇学。早在南宋景定年间，上海士绅唐时措购韩姓人家的房屋，改建为文昌祠，画孔子像于祠中，后又建古修堂作为诸生读书场所——文昌祠和古修堂比邻而立，一个是供奉儒学圣人孔子的祭祀场所，一个是兴学育人的教学场所，这一庙一学是为最早的上海镇学。

---

① 应宝时修，俞樾等纂：同治《上海县志》卷2《建置》，清同治十一年刻本。

元朝上海升格为县后，首任县尹周汝楫一到任，便在文昌祠和古修堂的基础上，加以增扩，创建上海县学文庙。建学有功的唐时措被委以教谕一职，据县志可考，元朝所设的上海文庙就在县衙东临，两者距离仅一百二十步。现存最古老的上海城市地图是明弘治年间的《上海县城图》，当时的上海县还没有围建城池，没有明显的县城边界，仅有浦东和浦西之分，而县城图的中心区域最明显的标识物是县衙，县衙东临学宫，即上海文庙。

封建社会的上海文庙，既是祭祀先师孔子的场所，同时作为古代上海县的最高学府，是县中秀才读书深造的场所，元、明、清三代将其作为育人之地，其录取的生员依据一定的标准被评定为廪膳生、增广生、附学生、岁贡生、拔贡生等级别，按级别享受不同标准的由国家补贴的膏火、食膳。获得国家的经济支持，生员有条件在朱色围墙内，瞻仰着大成殿的孔子、孟子等先贤大儒，潜心读书，成圣成贤。在传统社会"学而优则仕"和"养士教育"的基本原则下，这些上海县学的生员力争通过科举考试，成为高级知识分子和优秀的政府官吏。

根据上海地方志办公室的相关统计，从元至治元年（1321年）上海县人赵庭芝考中进士开始算起，至清光绪三十一年（1905年）科举废除，这五百八十四年间上海籍进士共有二百八十人，计元朝三科三人、明朝六十九科一百九十四人、清朝五十科八十三人。[①]这些杰出人物中有相当部分曾以生员的身份在上海文庙读书习业，曾在上海文庙的明伦堂中留下苦读的身影，也在大成殿留下问道的思索。而今，这些都已经消失在转瞬即逝的时光画卷里，而留在史册里永垂后世的是学子们的著述、学问、功名和宦绩。修身、

①《元、明、清进士榜》，载"上海市地方志办公室"网站。（注：此处"上海籍进士"并未严格区分是"上海县籍"还是"上海地区籍"，上海地方志办公室的公布数据对"上海籍"未作深究。下文《上海文庙人物》中另有专门论述。）

上海城隍庙一隅（图片来源：图虫创意）

齐家、治国、平天下，为天地立心，为生民立命，为往圣继绝学，为万世开太平，这些振聋发聩的儒家名言，正是上海文庙内"成圣教育"影响下的儒学生员内心的最高追求。

上海文庙坐落在浦西老城厢，又称南市文庙，其名"南市"缘于2000年以前的上海城区规划——老城厢旧属南市区，2000年新的城区规划将南市区并入黄浦区。虽然南市区从上海市行政区划中消失，但南市文庙的叫法却被沿袭了下来。

南市自然对应的是北市，南市原是和北市一起诞生的地名。清道光二十六年（1846年）四月，英国领事巴富尔在上海县城以北李家厂一带（今中山东一路外滩）租赁一百二十六亩土地，作为英国领事馆建设用地。不久，英国领事馆正式迁入该地。此后几年，美、法租界相继在城北建立。从此，租界和华界被一条洋泾浜（今延安东路）分开，"华洋分处"，井水不犯河水。咸丰三年（1853年），小刀会攻进上海县城，华人纷纷逃到英美租界躲避战乱，导致租界人口激增，地价暴涨，商业兴盛，"华洋杂处"促进了租界经济迅猛发展，并与上海县城分庭抗礼。于是，租界被称为北市，老城厢及十六铺地区则成了南市，上海文庙即位于南市。

"如果说昔日的上海老城厢是后来大上海的'发端'，那么，文庙称得上是这一'发端'末梢的一根最为敏感的'神经'"①，沪上学者陆其国曾经这样评说南市文庙在上海发展史上的重要地位和价值。南市文庙是上海中心城区唯一的儒学圣地，也是历元、明、清三朝的学统文脉。自元朝至元三十一年（1294年）始，上海文庙历经战乱和社会动荡，曾有五次迁址和多次重建重修。今日所见的文庙主体建筑是20世纪八九十年代在咸丰五年（1855年）迁址后的位置上重建而来的，占地十七亩许，是上海的名胜古迹，2002年被列为上海市文物保护单位。任凭历史的风浪搏击，上海文庙静静地躺在申江浦畔的老城厢的怀抱里，庄严、宁谧、安然、肃穆。

上海文庙，这一中国古代优秀传统文化的物质载体，堪称"大地上的教育文物""儒学教育的博物馆"，生动展现了儒家文化和传统教育的精华。上海文庙建筑形制严谨，气势恢宏，极具传统特色，基本布局为三进两院、右庙左学。祭祀系统院落和教学系统院落，分别由两条纵轴线贯穿其中。一条是从棂星门、大成门、大成殿到崇圣祠，这是文庙的祭祀线；另一条是从学门、仪门、明伦堂到尊经阁，这是学宫线。学宫东侧附设的敬业学堂曾一度用作上海广方言馆校舍。上海文庙景色宜人，文庙园林景观富有浓郁的吴越风韵，细腻典雅，亭台楼阁，绿树掩映。沪上文人骚客曾品评文庙风光，谓之"上海文庙十景"，即大成钟声、魁星惠智、

① 陆其国：《老上海迷人风情》，中国福利会出版社2004年版，第37页。

古榆呈祥、龙吟虎啸、古碑鉴史、进士碑廊、明清碑联、论语碑刻、雨轩幽景和麒麟赐福。

如今上海已经成为现代化的大都市之一，在这里生活的人们，崇尚物质层面的新鲜事物，而对于精神和文化层面的事物，尤其是那些传统的、久远的、古典的事物，又该如何定义，如何面对？诚然，在传统与现代之间，一定有某种文化的纽带，一头牵起浩浩汤汤的华夏文明，一头拉紧匆匆忙忙的各色人群。在适应与超越之间，一定有某种思想的清风，一面拂去守旧的糟粕尘土，一面带来中庸的慰藉忠告。在过去与当下之间，一定有某个精神的圣殿，一边吟诵着儒家的经典篇章，一边守护着国人的灵魂信仰——这些都不能被忽视，也不应该被遗忘。回看与思索，上海文庙即是这样的文化纽带、思想清风和精神殿堂。

上海七宝古镇风光（图片来源：图虫创意）

上海文庙的历史沿革及现状

上海文庙不仅是一座官学教育机构或祭祀先贤大儒的场所，更是一方土地的精神守望地和文化地标。从宋末至元三十一年（1294年）至清末光绪三十一年（1905年）科举废除，上海文庙一直是上海县文脉之首。南宋上海镇学为上海县学奠定发展基础，这是其前身源流；元初将镇学升格为县学，这是其正式创设；明清时期上海文庙历经多次修缮，逐渐发展完备；然而在晚清却遭遇艰难坎坷，几度被毁、重修。这六百一十一年间，上海文庙历经迁址、重建、毁坏、复原，最终在人们的伦理信仰和教育信念中生根。

"天不生仲尼，万古如长夜。"[1]孔子所推崇的儒家思想在后世成为中国封建社会的正统思想，对两千多年的封建社会政治、经济、文化、教育等起到了提纲挈领的作用。传承夫子之道，在各级官学中进行祭祀就尤为重要，故历代在中央、府、州、县的官学设殿堂祭之，庙学合一并逐渐成为定制。与此同时，围绕着对儒学至圣先师的崇拜和对儒家经典学说的推崇，逐渐形成了以郡府州县官办学校为主轴的儒学知识系统学习的教育制度，即庙学教育。

对庙学制度的研究在中国教育发展史上是一个被长久忽视却又极其重要的主题。台湾地区教育史学者高明士曾高度概括整个东亚教育发展史的特征，认为"东亚文化圈的形成离不开庙学普遍化这一过程，中国乃至整个东亚的教育发展史就是庙学发展史"[2]。其所著《东亚教育圈形成史论》开篇就提到传统东亚教育的特质简单概括就是实施庙学教育制度，并解释"隋唐时代所出现的'庙学'制度，便是这一特质的说明，却开下一千数百年中国甚至'东亚世界'的教育传统"[3]。高明士的论断将庙学置于整个东亚教育发展的大视野中，看到了庙学的形成、发展、完善推动了整个东亚教育水平的发展，庙学的重要性在于它是整个东亚地区传统儒家教育的核心，唐代庙学制为中国历代封建王朝取法，也为周边东亚国家取法。

文庙在中国传统教育体系中展现了强大的养士、育才、选材功能，并对社会文化产生了深远影响。文庙的建造和文庙基础上所施行的庙学教育，得到了封建统治阶级的极大认可和鼓励，进而，通过设置儒学署和学官、各级生员备案和发放膏火银等相应的行政手段或经济手段加以扶持引导，使

① 原出处和原作者不详，朱熹引用中亦提到这是唐姓书生在一凉亭看到的题壁，《朱子语类》卷93《唐子西文录》记载："蜀道馆舍壁间题一联云：'天不生仲尼，万古如长夜'，不知何人诗也。"尚不知何人所作，一般认为是宋朝佚名诗人所做。

② 根据台湾地区学者高明士2019年9月16日在武汉华中师范大学主讲的学术讲座《庙学制与东亚文化圈的形成》整理。他所言的"东亚文化圈"与一般意义上的"东亚"有所不同，"东亚"含今天的中国、日本、韩国、朝鲜、马来西亚、越南、新加坡等，但排除泰国。

③ 高明士：《东亚教育圈形成史论》，上海古籍出版社2003年版，第1页。

得庙学教育成为在中国教育历史长河中长期占有核心地位的教育模式。

宋元承唐制，文庙设置更为普遍，史载"宋兴，崇尚文治，吾夫子之祀遍天下"①。明清之际，文庙这一称呼开始被广泛使用。朱元璋即位后，改称孔子为"先师"，"以太牢祀先师孔子于国学"，还"诏天下通祀孔子"。明永乐八年（1410年），不仅"正文庙圣贤绘塑衣冠"，且改学校先师庙为文庙，自此文庙之说盛行天下。至明末，全国各地所建文庙多达1560所。清初，康熙帝亲笔御书"万世师表"匾额悬于孔庙大成殿，这是历史上首次称颂孔子为"万世师表"，表达出统治者对孔子及儒学的敬仰之情，也昭示出儒学的普世价值。至清末，文庙增至1740多所。

清末随着新式学堂的开办，庙学分离，文庙没有了官学这

① 陈宜中：《学道书院记》，见《苏州府志》卷26，清光绪九年刊本。

雨中的上海文庙大成殿（图片来源：图虫创意）

一光环，其维修和保护自然会受到一些影响，但不能否认其教育功能依然存在，继续承担着社会教化的重任，依然是广大士子心仪向往的神圣殿堂。改革开放后，国家大力弘扬优秀传统文化，文庙也被视为重要组成部分而受到普遍关注，包括上海文庙在内的全国诸多地方文庙陆续被修复、重建，或被列为重点文物保护单位，为文庙谱写了新的发展篇章。

今天坐落于上海黄浦区老城厢文庙路215号的上海文庙，是上海市重点文物保护单位，它在老上海人口中被叫作南市文庙，清朝咸丰五年（1855年）迁址重建，次年竣工落成，民国时期和20世纪八九十年代又进行了大规模修复修建。尽管当前所看到的上海文庙古建筑群只有一百六十多年的历史，但其所承袭和代表的是元至元三十一年（1294年）正式建立、有着七百多年历史的上海县学文庙。

就封建社会下的上海地区而言，上海文庙一直是上海县的文脉之首，是传统文教事业的地标。文庙残缺就会被立即修复，被毁后会被即时重建。上海文庙不仅仅是一座简单的官学教育机构或一座单纯的先贤大儒祭祀场所，更是一方土地的精神守望地和文化地标。

上海文庙以其深远的教育价值、文化价值和历史价值得到国内外学者的普遍承认。乌克兰学者卡普拉诺夫·谢尔盖在《上海文庙的历史和现状》一文中说："（上海文庙）目前的建筑群落不是很古老——最早的也只是19世纪中叶的建筑。然而，它们所代表的传统至少可以追溯到7世纪，当时皇帝下旨在所有城市建造孔庙。"[1]古代上海县的县立官方学府之始，可以回溯到元朝初年上海县学文庙的初始。虽然时代变迁，上海文庙却还是牢牢地在人们的伦理信仰中生根，

① [乌克兰] 卡普拉诺夫·谢尔盖：《上海文庙的历史和现状》，载《乌克兰研究》2016年刊。

统摄着人们的心灵，成为维系传统道德和精神信仰的不朽丰碑。虽然几度迁址、重建、毁坏、复原，上海文庙却并没有因此就从历史上缺席或消失。2002年，上海市政府将上海文庙公布为市级文物保护单位，至此历经沧桑坎坷的上海文庙，开始绽放新的生机和活力。

前身源流：
南宋上海镇学
奠定发展基础

　　上海立镇、上海立县、上海筑城、上海开埠以及上海立市，是上海地方发展史上影响重大的几个标志性事件，同时，这些里程碑式的历史节点又与上海文庙的沿革演变有着千丝万缕的联系。将上海文庙的发展放在一个更广大的视野中，用联系的、辩证的观点看问题，有助于将问题看得更清。

　　南宋末年，上海镇发展为一个比较繁茂的市镇，镇上有唐时拱、唐时措兄弟捐建的上海镇学。宋元之际，上海镇在政治、经济、文化和教育事业等方面迅速发展。此外，宋朝尊孔崇儒的文教政策、经济中心的南移、江南经济的发展、上海港的崛起、上海士绅官吏的积极作为，都奠定了上海文庙的发展基础。南宋政府还将原先设在青龙镇的市舶司和榷货场迁至上海镇，这标志着上海港的形成。此时的上海镇"领户六万四千有奇，岁计粮十有二万石，酒课税中钞一千九百余锭"，可见上海镇当时已成为华亭东北巨镇和重要贸易口岸。

　　从中国文庙的发展史角度讲，宋元两朝是地方文庙大发展的重要阶段，许多地方文庙在宋朝创建，如坐落于今天上海嘉定城区的嘉定孔庙，因嘉定十一年（1218年）嘉定县从昆山县析出，翌年嘉定县学孔庙即建。上海文庙也不例外，但值得注意的是，上海县学文庙要比嘉定县学文庙晚七十五年设立，这与当时特殊的政治历史背景和行政区划设置直接相关，即上海县比嘉定县设置晚七十三年。

上海镇学的酝酿

首先，从文教政治方面来说，宋代以文治天下，统治者以儒家思想为正统。宋朝初年，宋太宗实施"兴文教，抑武事"政策。太平兴国七年（982年），宋太宗对近臣说："王者虽以武功克定，终须用文德致治。朕每退朝，不废观书，意欲酌前世成败而行之，以尽损益也。"[①]为了加强中央集权，宋初诸帝，一方面努力抬高孔子的地位，另一方面竭力宣扬儒家思想，表现出强烈的尊孔崇儒意向。大中祥符元年（1008年），宋真宗亲临曲阜孔庙祭孔，加封孔子为"玄圣文宣王"，亲撰《玄圣文宣王赞》，称颂孔子为"人伦之表"，又撰《崇儒术论》，称儒术为"帝道之纲"，均刻石国子监。至和二年（1055年），宋仁宗开创加封孔子嫡长子孙为"衍圣公"的传统。宋代统治者一贯奉行尊孔崇儒的政策，屡次下诏劝学，推行兴学新政，出台一系列的政策和措施，鼓励地方官学的发展。

庙学合一是文庙的广泛表征。祭祀的孔庙和教学的官学相互依存，地方官学发展势头良好，势必推动地方文庙的发展。我国封建社会时期的学校，大体可以分官学和私学两种。宋代官学主要分为中央官学与地方官学两级，在中央设国子监，下辖国子学、太学、律学、算学、书学、武学等；

① ［宋］李焘：《续资治通鉴长编·太宗·太平兴国七年》卷23，中华书局1979年版，第528页。

地方上主要是州学、县学，包括官办书院等。北宋中期以后，宋朝统治者逐渐认识到官学在培养为统治阶级服务的人才过程中的重要性。"庆历新政"的开始，拉开了宋朝办学高潮的序幕，带动和刺激了宋代官学的发展。地方官学，一般来说分为两级：府学／州学—县学，宋时府与州是同级行政区，只是府的地位略高。而地方文庙庙学合一，与各地府学、州学、县学并立，所谓"宋兴，崇尚文治，吾夫子之祀遍天下"。咸平四年（1001年）六月，宋真宗颁赐给全国每所州县学一套九经，以后四十多年，每所州学成立朝廷都会发给一套九经。各地州县学以九经即《诗经》《尚书》《周易》《左传》《谷梁传》《公羊传》《礼记》《周礼》和《仪礼》为教材，每个学生选学一经，儒家思想由此得以弘扬。

地方文庙的发展离不开国家文教政策的支持，而文庙的建立又对敦化民俗、巩固统治、稳定社会秩序有着重大影响。北宋时期，中央政府进行了三次大规模的兴学，一次是以范仲淹为首的"庆历兴学"，一次是以王安石为首的"熙宁兴学"，第三次是蔡京主持的"崇宁兴学"。

宋代地方文庙的蓬勃发展，始于范仲淹主持的"庆历兴学"。庆历四年（1044年），在范仲淹的建议下，朝廷正式下诏，诸路、州、府、军、监，除去原有官学之地，其余各令立学，效仿庙学合一，开成了兴学必建庙的形制。这些兴学举措对促进宋及以后地方文庙的发展、规模的扩大及制度的完备，影响深远。

范仲淹为政一生，将兴学育人、发展地方官学作为重要工作来抓，他曾亲自创办了多所官学，如广德文庙、苏州文庙、饶州文庙、润州文庙、邠州文庙，其中影响最大的是有"东南学宫"之称的苏州文庙。据《苏州学记》记载，范仲淹在苏州任职时，建立了苏州文庙，创建庙学合一的新体制。"始，姑苏郡城之东南有夫子庙，所处隘陋，文正公欲迁之高敞。相地之胜，莫如南园。南园者，钱氏之所作也。高木清流，交荫环匝，乃割其巽隅以建学。广殿在左，公堂在右，前有泮池，旁有斋室。是时学者才逾二十人，或言其太广。文正曰：吾恐异日以为小也。于是召安定先生首当师席，英才杂沓，自远而至。厥后登科者逾百数。"[1]《苏州府志》卷24中记载："苏郡之有学也，自范文正公始。而各县学校次第修建，大率皆方于宋代。"由于宋代苏州文庙府学在全国具有表率作用，"继此郡县皆有学，而吴固称为首"[2]。苏州文庙庙学合一的格局，对后世文庙布局有重要的示范作用，是传统左庙右学、庙学合一设计形式的代表。

其次在经济方面，上海地区在唐宋时期是海外贸易的重要口岸。上海镇当时已成为华亭东北巨镇和重要贸易口岸。上海镇设立了市舶司和榷货场，随着海运和内河航运的进一步开发，上海日益富庶，这为元朝上海文庙的创立和发展奠定了一定的物质基础。

此外，随着经济的繁荣、教育的普及、科举的发展，从北宋开始地方士绅群体得到快速增长，到南宋时士人的身影已是处处可见，成为地方发展的一支重要力量。南宋末年，上海地方士绅怀揣"以天下为己任"的群体意识和热忱之心，积极响应州县颁布的劝学政令，以极大的热情积极投入到地方文教事业中去。

文昌祠和古修堂的建立

上海县是由上海镇发展起来的，而上海县学文庙是在上

① 杨静茹编：《苏州府学志》上，苏州大学出版社2013年版，第432页。
② 《平江路总管周侯兴学记碑》，苏州博物馆藏。

海镇学的文昌祠和古修堂的基础上扩充而来。同治《上海县志》记载："县学旧在县署东，初为镇学。宋景定中，唐时措市韩氏屋，立文昌宫，请于监镇董楷，建古修堂，为诸生肄业所。"[①]结合县志的官方记载，可以确定上海镇学是上海县学文庙前身，是直接由它改建升格而来的。

南宋景定年间（1260—1264），上海镇本地士绅唐时拱、唐时措两兄弟在当时的方浜长生桥附近购韩姓百姓家的房屋，将民宅改建为文昌祠[②]，并挂孔子画像于祠中。唐时措又向监镇董楷请示，在文昌祠附近增建古修堂作为诸生肄习之所。在当地官府和士绅的支持下，文昌祠和古修堂相继建成，比邻而立，这便是上海镇学。

其时文昌祠是供奉读书人所崇拜的圣人孔子的地方，古修堂是学子读书习业的地方。文昌祠与古修堂，一个是供奉儒学圣人孔子的祭祀场所，一个是兴学育人的教学场所，一庙一学，已经初步显现文庙庙学合一的形态。文昌祠和古修堂相邻而立，这为不久之后的上海县学文庙的建立正式奠定了基础。

① 应宝时修，俞樾等纂：同治《上海县志》卷9《学校》，清同治十一年刻本。
② 弘治《上海县志》中"梓潼祠""文昌祠""文昌宫"三个不同的称呼均有出现，但嘉庆《上海县志》记称"文昌祠"，同治《上海县志》记称"文昌宫"。针对此称呼之疑问，笔者翻阅弘治《上海县志·祠祀·文昌祠记略》中的解释，随着镇升县，文昌祠改文昌宫。

庙学创设：
元初正式建立
上海县学文庙

上海县是元至元二十八年（1291年）创设的，同治《上海县志》中记载"上海镇为县之三年始有学"，也就是说上海县学文庙建立于至元三十一年（1294年）。胡务在其《元代庙学——无法割舍的儒学教育链》一书中统计，从蒙古汗国1206年建号，至1260年元世祖忽必烈即位的五十四年间，仅重修九处文庙，其特点在于一些军事首脑直接参与，且倡导者均为汉人，修建活动也仅局于汉地，主要是今河北、山东一带。他认为地方文庙的大规模修复和创建，只能从世祖（1271—1294年在位）朝才谈得上开始。

上海县的设置

元至元十四年（1277年），上海地区设立市舶司，成为当时全国"四大市舶司"之一。至元二十七年（1290年），松江知府以"华亭地大人众，难理"，奏请元廷分置上海县，次年准奏。至元二十九年（1292年）春，划华亭县东北境长人、高昌、北亭、新江、海隅五乡二十六保地置上海县。

元朝的统治阶级上层虽然是少数民族，但是明智的蒙古族上层尊重儒生，其典型事例就是对孔子后人的礼遇优待。早在宋绍定五年即金正大九年（1232年），蒙古大军攻克汴梁，元太祖成吉思汗的谋臣耶律楚材"请遣人入城，求孔子后，得五十一代孙元措，奏袭封衍圣公，付以林庙地。命收太常礼乐生，及召名儒梁陟、王万庆、赵箸等，使直译九经，进讲东宫。"[①]忽必烈即位后，继续推行汉化方针，进一步提倡尊孔崇儒，诏令各地修复或新建孔庙，令地方长官通过祭孔，对民众进行儒家伦理道德教育。

元世祖忽必烈统一中国后，清醒地认识到蒙古族"武功迭兴，文治多缺"，虽武力强大，但政治和文化教育却远远落后于中原，于是大力推行汉化方针。元世祖至元四年（1267年）正月，"敕修曲阜宣圣庙"，五月"敕上都重建孔子庙"。

元朝初年，政府下"崇儒之诏"，号召各地广建学校。在京师，至元六年（1269年）设立国子学，并设总教国子之官。至元八年（1271年），许衡出任集贤大学士兼国子祭酒，其弟子王梓、刘季伟被任命为伴读，职务为各斋斋长。国子学的生员主要是蒙、汉百官和禁卫军的子弟，平民子弟亦可在国子学接受教育，但条件是有三品以上的官员保举，方可成为旁听生。元朝在地方教育方面，将地方官学分路、府、州、县四级，教授的内容主要是儒家的"四书""五经"。

周汝楫扩建镇学，改其为县学

①《元史·耶律楚材传》。
② 应宝时修，俞樾等纂：同治《上海县志》卷9《学校》，清同治十一年刻本。

同治《上海县志》中记载"上海镇为县之三年始有学"[②]。至元三十一年（1294年）首任上海县尹周汝楫到任，便计划扩建原来的镇学，将其改为县学，在县署东临建上海县学文庙。

根据当时的相关政治礼仪制度，由镇升格为县后，除建造县衙门，还须修建相应等级和规模的城隍庙和文庙。上海县学在这样的大背景之下发展起来。上海县成立三年后的至元三十一年（1294年），周汝楫将建镇学有功的唐时措留用，并委以县学宫教谕之职，原镇学升格为县学，上海县学文庙正式建立。

元贞元年（1295年），浙西廉访金事方朱思诚非常关注和支持上海县学文庙的建设，委托本地万户费拱辰修葺、增扩了正殿、讲堂、斋舍等建筑。元大德六年（1302年），县丞范天祯带头捐出俸禄添筑殿轩，增设大门、学门，重绘先贤像于两庑。松江府也划拨学田五百余亩。除了县学中心建筑之外，万仞宫墙和曲水泮池也是文庙重要的组成部分。在县尹辛思仁的支持下，上海文庙筑万仞宫墙一百三十尺，并开挖泮水，架桥于泮池之上。

瞿霆发助田新迁与延祐回迁

元初上海文庙曾一度新迁，但后来又返迁旧址。同治《上海县志》对"瞿霆发助田"和"延祐回迁"有简要记载："至大三年，瞿霆发助田，请移建与县治之西"[1]。

上海文庙一开始在县署东，元至大三年（1310年）上海县的富户瞿霆发慷慨出资，购买了肇家浜（今复兴东路）北岸民田五百亩，捐给县学兴建新文庙。根据不同版本县志中的文字和图解，可以从同治年间县志所录的《上海县城图》中找到"陈袁二公祠"，紧挨文昌阁，这就是瞿霆发捐建的县治之西文庙的遗迹。[2]

---

[1] 应宝时修，俞樾等纂：同治《上海县志》卷9《学校》，清同治十一年刻本。

[2] 应宝时修，俞樾等纂：同治《上海县志》卷首《图说》，清同治十一年刻本。

文庙移建西门仅仅四年后，延祐元年（1314年），县丞王珪废新学宫，迁回旧址再建。新建庙制更大，焕然一新。其后新建棂星门、大成殿门、斋舍20余间，并加高墙垣。至正十一年（1351年），知县刘辉创设教谕厅、讲习堂，县丞张仪重修葺殿庑斋舍。后任县尹何缉在庙左建明伦堂，堂前有"育英""致道"两斋。

地方士绅捐资助学

上海文庙是上海地区文化的标志性建筑，有政治、教育、道德、教化的象征意义，在封建社会政治体系和传统社会道德信仰中占有重要地位。文庙发展关系到一个地方的文教事业，关乎地方官员的仕途升迁。比如，地方官员施政的要务和政绩考核评价的标准之一就是文庙完善程度和科举取士的数量。此外，修缮和维护文庙是历代上海地方社会重要的公共事务之一，故一直得到上海县乡绅和富户的鼎力支持。

上海地方史志学副会长马学强认为："在传统社会的地方权力运作中，'士绅'因其特殊的功名与地方社会的深厚联系而扮演着重要角色，其地位与影响非同一般。"[1]据《上海县志》记载，上海文庙的发展初期离不开首任教谕唐时措、"乡贵万户"费拱辰、"邑先达"瞿霆发、僧人觉元等人的资助。

最初阶段，上海镇本地富户唐时拱、唐时措两兄弟出资购房建文昌祠和古修堂；县学文庙建立后乡贵万户长费拱辰出资增扩正殿、讲堂、斋舍等建筑；后来县学文庙破旧待修，瞿霆发慷慨出资，购买了肇家浜北岸民田五百亩，捐给县学以便扩大规模重建；新学宫落成之际，僧人觉元慷慨助学，将所募化的六百多亩田捐给县学，作为修葺文庙费用和

① 马学强：《士绅与明代上海筑城》，见洪民荣主编《上海研究论丛（第二十二辑）》，上海书店出版社2014年版，第536页。

日常开支的基金。

　　以唐时措、费拱辰、瞿霆发等为代表的上海县当地士绅是推助上海文庙发展的重要力量。他们秉持传承教育文化的历史责任，积极筹措修建经费，参与组织修建活动，为上海县学文庙的发展作出了独特贡献。士绅居于乡里社会，与政府、民众保持着天然的联系，且有一定的经济实力。他们支持、参与地方文教事业发展，大致可分为以资金直接参与和非资金参与两种方式。宋末元初时局动乱，各种制度尚不完善，在元朝政府重视教化的影响下，士绅们或出于提高个人权威，或是因为家族利益，或由于肩负着儒家教化使命，他们积极投身于教化事业，在元朝的基层社会中占据着重要地位。

　　概而论之，元朝上海县学文庙经历多次修葺和扩建，成为包含宫墙、泮池、东西两庑、学门、大成殿、明伦堂、教谕厅等在内的文庙建筑群，文庙整体建筑规模基本完善。此外，因县学的学田富饶，可佃租收益，上海文庙储备了一定的教育经费，为后续良性发展奠定了物质基础。

发展完备：
明清时期上海文庙
多次修缮

上海县城修筑

"上海以镇升县，故旧无城，后之作令者尝欲建请，然无遗址可因，其势颇难，而议者又谓市虽逼浦，而素无草动之虞，在所不必作者，故屡谋而屡寝焉。"① 上海县坐落在吴淞江南约三里的黄浦江西岸，早在元朝初年上海就已经设县，但直到明嘉靖时期上海县城池才修筑起来。嘉靖年间，倭盗日益猖狂，频频袭扰上海县及周边地区，烧杀抢掠。时任松江知府方廉将筑城提上日程，上海百姓亦迅速响应。当时上海县士绅顾从礼写了一篇《奏请筑城疏略》，推动上海筑城的推进落实。文中讲道：

> 切照松江府上海县，黄浦环其东，吴淞绕其北，二水会合，东流入海，不过四五十里，实据东海上游，故曰上海。宋时，特为海所驻之地，故置市舶提举司。元

① 应宝时修，俞樾等纂：同治《上海县志》卷2《建置》，清同治十一年刻本。

朝禁网珠阔，江南数郡顽民率皆私造大船出海，交通琉球、日本、满刺、交趾诸番，往来贸易，悉由上海出入，地方赖以富饶，遂于至元二十九年开设县治，至今二百余年，原无城垣可守，盖因立县之际，一则事出草创，库藏钱粮未多；一则彼时地方之人，半是海洋贩易之辈，武艺素所通习，海寇不敢轻犯，所以虽未设有城池，自然亦无他患。国朝以来，法令严明，沿海通番之家悉皆诛窜，从此良民无敢私自出海，兼之太平日久，人不知兵，一闻盗起，满县张皇，如往年海寇刘通、施天泰，近年沙绒王棣、董淇之乱，县官以仓库为忧，百姓以身家为虑，惊慌错愕，手足无措，幸赖圣明，旋即扑灭，一县生灵得以无咎，万一狂贼无知，乘潮入寇，其往返不过半日，闻耳为祸，可胜道哉。见今一县编户六百余里，殷实之家率多，在市钱粮四十余万，银布之类数船可载，兼之富商大贾，四方辐辏，积货物尤多，而县门之外，不过一里即是黄浦，潮势极其迅急，寇戏最难防御，所以近来嘉靖戊子等年，屡屡被贼劫烧，杀伤地方乡官、商人、居民不下百有余家，盖因贼自海入江，乘潮而来，乘潮而去，劫掠城市如取囊中，皆由无城可依之故也。伏望皇上转念府库钱粮之难聚，地方百姓之可哀，乞敕工部、都察院会议，如果臣言有可采，转行南直隶抚按官亲履地方，相度基址，选委贤能官员，趁今秋收岁晚务闲之际，开筑内外峻壁城垣，以为经久可守之计，实一县公私无疆之休也，地方幸甚，民生幸甚。[①]

① 方岳贡修，陈继儒等纂：《崇祯松江府志》卷19《城池》，明崇祯三年刊本。

为防匪患，嘉靖三十二年（1553年），上海官吏士绅百姓

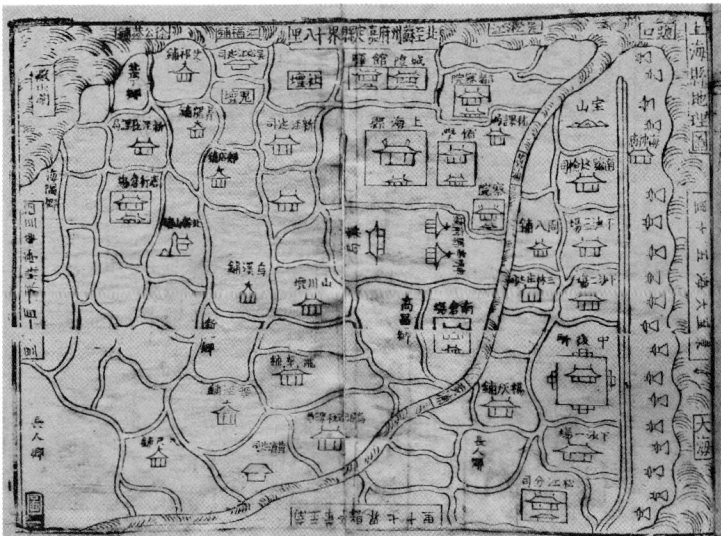

《上海县地理图》（图片来源：弘治《上海县志》）

齐心协力，从开工到竣工仅几个月时间修筑城池。县城内的县署周围是上海最早开发的地方。明弘治《上海县志》中的《上海县地理图》无比例尺之设，亦无方位之定，只反映大致轮廓。图中显示，当时上海县城未筑城池，黄浦江从图的左下方贯穿至右上方，河道网状分布，环绕县治内外，旁有吴淞江，内有上海县衙、儒学、城隍、社坛、馆驿等。图中中心位置是上海县衙，紧邻其东的即是上海文庙。

官方和民间不断修葺、扩建

　　明朝是我国庙学教育的成熟时期，其突出表现是各级府、州、县学在全国范围内普遍设立，有府、州、县学的学宫就有与之相对应的府、州、县级文庙。张亚祥曾依据《大明一统志》统计，明朝江南①有78所地方文庙，其中有应天、

① 此处的江南指的是由今上海市、江苏省长江以南部分和浙江省北部的杭州、嘉兴、湖州、绍兴、宁波五市构成的狭义江南。

苏州、松江、常州、镇江、杭州、嘉兴、湖州、绍兴、宁波共10所府学；太仓和安吉两所州学，镇海、太仓、金山3所卫学；昆山、上海、江阴等63所县学。[①]从上述官学名单中，可以看出江南地区学校之兴盛。

明朝上海文庙稳步发展，并得到不断修葺完善。同治《上海县志》记载明代文庙修葺，就多达二十一次：

（一）洪武六年（1373年），松江府同知兼上海县知县王文贞重修文庙。

（二）正统五年（1440年），提学御史彭勋、巡按御史萧启命、知县张祯重修文庙。

（三）由于飓风的破坏，正统八年（1443年），巡按御史郑颙再次重修文庙。

（四）天顺二年（1458年），知县李纹重修文庙。

（五）成化十五年（1479年）到任的知县李棨改建讲堂，使"育英""致道"二斋愈加光彩夺目。

（六）成化二十年（1484年），知县刘琬建尊经阁于明伦堂后。

（七）弘治七年（1494年），知县董钥购买了东南角的地，用来扩大文庙的寝舍，改善住宿条件。

（八）弘治十二年（1499年），知县郭经修建大成殿前的站台。

（九）正德十四年（1519年），知县郑洛书重建大成殿、养贤堂。训导刘昱在文庙院中种植柏树，刘充增造祭器。

（十）嘉靖八年（1529年），皇帝下诏在全国范围内建敬一亭。在学校内刻钦制《敬一箴》、程颐的《视听言动箴》和范浚的《心箴》，并都在尊经阁勒石刻碑。

（十一）嘉靖九年（1530年），皇帝诏天下厘正祀典，改

① 张亚祥：《江南文庙》，上海交通大学出版社2009年版，第29页。

大成殿为先师庙，在先师庙后面建启圣祠。

（十二）嘉靖十七年（1538年），知县梅凌云重修文庙。

（十三）万历三年（1575年），知县敖选增建文庙。

（十四）万历九年（1581年），教谕徐常吉建造三友轩。

（十五）万历十二年（1584年），知县颜洪范重修文庙，扩建站台，重新清理浚疏了泮池，修建教谕署。

（十六）万历十五年（1587年），知县杨遇重修文庙。

（十七）万历二十三年（1595年），侨居上海的新安人任良佑主导实施了重修，翻新棂星门外左右牌坊，砌台种植柏树，美化文庙环境。

（十八）万历三十一年（1603年），知县刘一黄新开辟一块土地，修建簧门，并在文庙宫墙上刻下"宫墙璧水"四字。

（十九）万历三十四年（1606年），知县毛一鹭主导重修。

（二十）万历四十六年（1618年），知县吕浚重修文庙，并将文庙庙前曾被侵占的土地恢复。

（二十一）崇祯七年（1634年），知县刘潜重修启圣祠和明伦堂。[①]

上述是同治《上海县志》中所记载的明代上海文庙修葺之二十一次记录。一般而言，县志记录非常简略，只有寥寥数句，对于各次重修的记叙更是惜字如金。但是二十一次之多的重修表明当地对县学发展非常重视，上海文庙一直受到关注、监督和打理。

值得注意的是，嘉靖八年（1529年），上海文庙根据中央旨意颁刻《敬一箴》、程颐的《视听言动箴》和范浚的《心箴》。"箴"是一种非常严格和工整的文体，要求每句字数相等，讲求对仗押韵，内容以规劝告诫为主。明世宗朱厚熜为了教化天下，宣扬儒学，研读了宋代大儒范浚的《心箴》和

① 应宝时修，俞樾等纂：同治《上海县志》卷9《学校》，清同治十一年刻本。

程颐的《视》《听》《言》《动》四箴，并为程颐四箴和《心箴》亲作御注。此外嘉靖皇帝又作《敬一箴》，共六箴。嘉靖八年（1529年），六箴摹刻立石于各府、县学宫。

《敬一箴》是嘉靖帝于嘉靖五年（1526年）亲自撰写的劝诫箴言，与其所注解的《视》《听》《言》《动》《心》五箴言，以统一格式颁行天下，立石于全国各地的学宫，激励中央国子监和地方府、州、县学的读书人，一心向学，以恭敬之心对待学问，严于律己，弘扬儒学。

《视》《听》《言》《动》四箴是程颐对孔子"非礼毋视，非礼毋听，非礼毋言，非礼毋动"四毋说的进一步阐发，箴言内容主要是对日常生活学习中的言行及修养提出规范和指导意见，认为只要视而能察、听之能审、言而有道、动能守诚，就能够达到与圣贤同归的境界。

清朝为了巩固统治，尊儒重道，顺治元年（1644年）清军入关后，封孔子第六十五代孙孔允植为"衍圣公"，顺治二年（1645年）加封孔子为"大成至圣文宣先师"。清朝一贯尊孔，大修孔庙，每年举行祭孔典礼，给孔子的后裔加封以及给予种种荣耀和特权，给孔府和地方文庙增拨土地，赏赐财物。

康熙、雍正、乾隆以及嘉庆、道光年间，上海文庙进行了多次重修和扩建。县志中清代上海文庙添缮器具、修葺和大规模重修的记录更是数不胜数。如：

顺治三年（1646年），知县孙鹏修仪门。

顺治九年（1652年），疏御制卧碑文。

康熙十年（1671年），知县朱光辉浚泮池，修宫墙八十余丈；教谕陈迪修尊经阁和名宦、乡二祠。

康熙二十二年（1683年），知县史彩修理两庑，重筑殿前

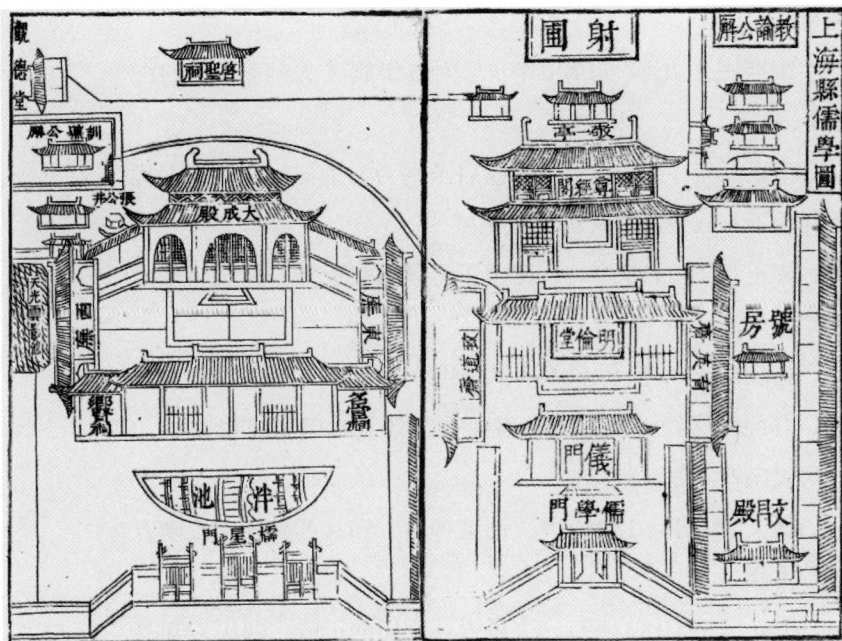

《上海县儒学图》（图片来源：康熙《上海县志》）

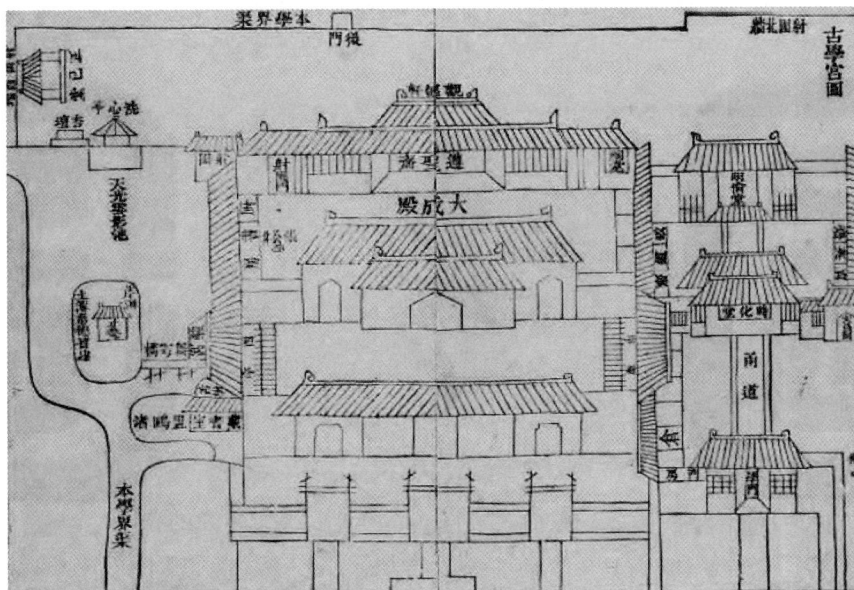

《古学宫图》（图片来源：嘉庆《上海县志》）

月台。

康熙三十九年（1700年），刻石御制《先师赞》《四配赞》。

雍正元年（1723年），诏改启圣祠为崇圣祠，封孔子五代祖先为王，故崇圣祠又称"五王殿"。

雍正八年（1730年），巡道王澄慧移驻上海，择文庙东南隅建魁星阁。

乾隆四十六年（1781年），因为大风，大成殿屋脊和两庑、尊经阁房檐受损，巡道盛保委派知县哈巴布重修文庙，并疏浚内外泮池。

嘉庆十三年（1808年），巡道钟琦、知县苏昌阿、教谕方浩发重修。

道光二年（1822年），大风毁坏文庙的正殿、两庑，知县许乃来、武念祖，教谕翟琭重修文庙并重建魁星阁、学门。

上海文庙经历顺治、康熙、雍正、乾隆朝的多次修葺和扩建，到嘉庆时期，其规模已经非常完善，建制日盛。

康熙《上海县志》中收录了《上海县儒学图》，从中可以看到，文庙分东西两个院落。其中，祭祀院落中有棂星门、泮池、乡贤祠、名宦祠、大成殿、天光云影池、训导公廨、观德堂、启圣祠；教学院落中，前有儒学门、文昌殿，中间有明伦堂、正道斋、育英斋，后有尊经阁、敬一亭，此外还有供文庙学生射箭练习的射圃和住宿的号房以及教谕公廨等。

到了嘉庆年间，上海文庙建筑规模远超康熙时期。现存嘉庆《上海县志》中的《古学宫图》对其也有详细的描绘。[1]从嘉庆《上海县志》中的《古学宫图》中依稀可以看出当时文庙的盛景，嘉庆时期上海文庙扩建的宫墙、大成殿、

[1] 王大同修，李林松等纂：嘉庆《上海县志》卷1《疆域》，清嘉庆十九年刻本。

东西两庑、明伦堂等建筑还在，增添了正己堂、藏书室、遵盛斋、致道斋、育英斋、时化堂、蕉石堂，天光云影池中还增添了芹洲，洲上有止庵、杏坛、盟鸥渚，连接池水的舞雩桥头为酸窝，池边增设了杏坛、洗心亭。据相关文献所述，上海文庙院内植有古松梧竹等大量绿植，可谓景色壮观。

道光十三年（1833年），上海文庙始设洒扫局，这实际上是一个文化管理机构，维护文庙的日常运作，并集资定期修复文庙。

相较于青浦文庙、嘉定文庙、昆山文庙、崇明文庙、南汇文庙而言，上海文庙磨难颇多。上海文庙是上海中心区域的唯一文庙，晚清时期，几经坎坷，屡次被侵占、毁坏，又屡次得以重修。

小刀会起义战乱中文庙被毁

清末，上海文庙因小刀会攻占上海县城而被毁，同治《上海县志》中对此记载："咸丰三年八月，会匪。陷县城，逆首盘踞学宫。五年元旦复城。殿阁堂祠皆毁，绅士禀请官师，乃移建于县西南右营署故址。"①

晚清时期，小刀会原本是成立于厦门的民间秘密团体，属于天地会的一个支派，也是上海众多民间会党中的实力派。刘丽川领导的天地会以及李仙云等领导的闽南小刀会在上海民众中逐步获得了一定的影响。1853年，太平天国军队攻占南京后，闽南小刀会应声起义并攻占漳州府，同年七

① 应宝时修，俞樾等纂：同治《上海县志》，清同治十一年刻本。

月，上海以刘丽川为首的上海小刀会也成立了。按照传统，每年仲春和仲秋的第一个丁日，上海文庙都会举行规模盛大的祭孔仪式，作为文庙最重要的学礼，知县、学正等官员也都会前来参加。上海小刀会借秋丁之机在上海文庙举行起义。

农历八月初五，上海文庙正殿前，牛、猪、羊等牲品排列齐全，主祭人、主考官、道台、知县等官员正在参与祭祀大典。六百多名上海小刀会成员和七百多个新近招募来的广东籍壮勇，头扎红巾，手执器械，在刘丽川等首领的指挥下打开城门，先是占领县治署衙并控制了苏淞太道吴健彰；而后，杀入县署之东的上海文庙；最后，迅速占领了上海、嘉定、宝山、南汇、青浦等县城。曾参与这场文庙祭祀的儒生曹晟劫后余生后写了一首《癸丑八月初五上丁助祭文庙闻警即事》，在诗中描绘了当时上海文庙里慌乱的情形：

整肃冠裳夜四更，妖言转笑昨宵轻。
出门惟讶街无柝，入庙已知殿列牲。
三献将行诸事集，一言告警众人惊。
可怜与祭诸君子，云散风流次第行。

小刀会首领刘丽川最初将行辕设在城隍庙东的敬业书院，后迁入上海文庙。咸丰五年（1855年）元旦，清军收复上海城，其时上海文庙被毁成焦土，需要迁址重建。

咸丰年间移址另建新学宫

19世纪中叶的上海，西式建筑已不罕见。"1846年当基督教伦敦会在麦家圈附近租到地皮准备建造仁济医院时，道契上言明'该处需建造中国式房屋以免动人疑怪',看来西式建筑在当时未得到上海人的任何好感。"① 在这样的社会心态下，上海滩上中西建筑对峙，对于建造中国传统建筑，尤其是具有官方色彩的文庙建筑，上海官绅展现出了相当的热情。

清同治年间《上海县志》中收录了一篇非常重要的碑文《咸丰六年护理苏松太道蓝蔚雯移建上海县学记》，其中这样记载咸丰年间移址另建新学宫之事："上海学……今毁于火者犹是也。古诸侯之学曰泮宫、曰泮水，毛诗、郑笺、朱传皆以水释之，学宫之必有水也。"② 城内临近河流池水之地，成为文庙迁址的首选。上海城西门附近有肇家浜，可以引水作为学宫泮水，在上海士绅刘枢、李钟瀚的提议下，移建至西门内南边右营署废基（原明代海防道署遗址），即今文庙路215号，再建费用主要由上海沙船巨商郁泰峰捐赠。

从咸丰五年七月到咸丰六年七月，上海文庙历时一年建成。咸丰六年（1856年）七月竣工的新文庙占地共十七余亩，按同治《上海县志》中的记载，建成后"前为棂星门，进为大成门，又进为大成殿，后为崇圣祠。大成门左右为名宦祠、乡贤祠，棂星门左右为兴贤坊、育才坊。南为宫墙、璧水。学门在其左，学门之内为仪门，仪门之内为明伦堂，堂后为尊经阁，堂东隔河为儒学、署学，土地祠、洒扫局、庖湢咸具。仪门之左为忠义、孝悌祠，右为斋房，四周缭以垣。"③《申江胜景图》图册中的第一幅图景描绘的便是上海学宫，即1856年移至西门后新建而成的上海新学宫。④

同治《上海县志》中的《新学宫图》⑤ 比《申江胜景图》中的《上海学宫》视野更全面，新学宫是1856年移至西门后新建而成，从图中可以看到上海文庙的全景，包括天光云影

① 伍江：《上海百年建筑：1840—1949》，同济大学出版社2008年版，第20页。
② 应宝时修，俞樾等纂：同治《上海县志》卷9《学校》，清同治十一年刻本。
③ 应宝时修，俞樾等纂：同治《上海县志》卷9《学校》，清同治十一年刻本。
④〔清〕吴友如绘：《申江胜景图》，江苏古籍出版社2003年版，第1—2页。
⑤ 应宝时修，俞樾等纂：同治《上海县志》卷首《图说》，清同治十一年刻本。

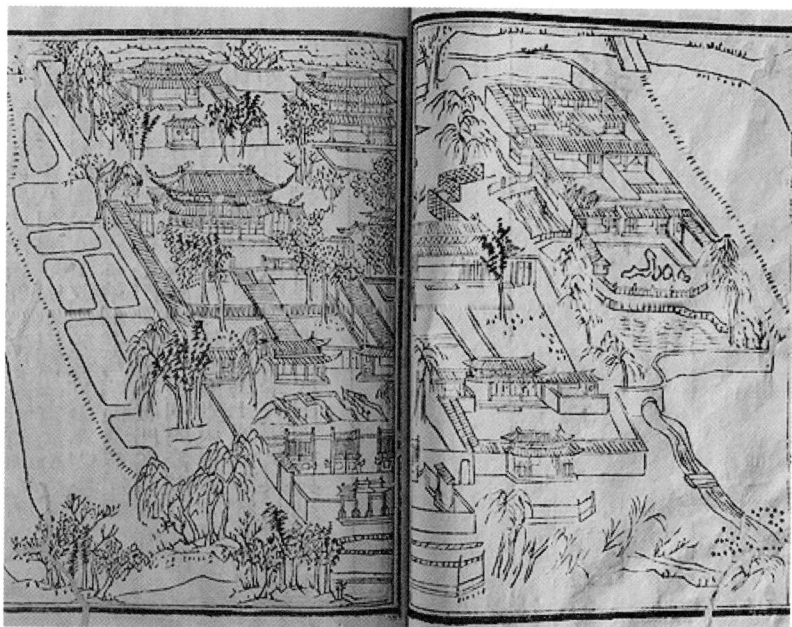

《新学宫图》（图片来源：同治《上海县志》）

《上海学宫》（图片来源：清光绪年间吴友如所绘《申江胜景图》）

池、虎啸龙吟石等。按照图中所示，新学宫前是棂星门，从棂星门进入，第二道为大成门，再进为大成殿。大成殿后为供奉孔子先人的崇圣祠。大成门左右两侧为名宦祠和乡贤祠，棂星门的左右两侧为兴贤坊和育才坊。育才坊南为宫墙璧水，学门在其左。学门之内为仪门，仪门之内为明伦堂，堂后为尊经阁，堂东隔河为儒学署。仪门之左为忠义孝悌祠，之右为斋房，四周围建宫墙。内有棂星门、泮池、三顶桥、大成殿、崇圣祠、明伦堂、尊经阁、魁星阁等建筑，有放生池、荷花池等景点，隙地遍种花木，当时文庙已初具规模。泮池、三顶桥现在已经不存在，棂星门、崇圣祠等其他也多为后来重建重修的仿古样式。

被英法军强占而暂迁武庙

咸丰十年（1860年）三月，在陈玉成和李秀成的领导下，太平军集中兵力，二破清军江南大营，并在短时间内席卷苏南，克复苏州，这时才再一次把夺取上海提到议事日程上。同年夏，太平天国忠王李秀成率军，进逼松江。七月初二，李秀成照会驻沪各国特使，声明太平军所过之处，不得侵扰侨民。李秀成随即率部进驻徐家汇。此时的英、法等国租界内，大量洋行、外侨云集，上海对于他们而言，已是势在必守的利益攸关所在，因此他们才如此背信弃义，以确保自身的利益不受损失。

同年七月初七，英国特使普鲁斯悍然发布公告："上海县城及外国租界由英法联军占领，联军特此警告一切人等，倘有武装群众攻击或走近联军所驻地点，即视为侵犯联军之行为，联军当依法对待。"根据英法之间的商议，法军协防东门、北门，英军协防西门和南门，西门附近刚刚新建的文庙被作为英兵驻屯场所。上海文庙故再次搬迁，文庙中供奉的先师圣贤牌位暂时移到大境关帝庙内。关帝庙即关羽庙、关公庙，大境关帝庙内供奉的关羽，道教尊称之为关帝。因关公是武官，于是关公庙又被叫作武庙。文庙暂时借武庙之地，"文武合一"是不得已而为之。

英法军队驻扎文庙四年之久。文史专家陆其国这样描述英法军队在文庙驻军的历史："不难想象，好端端一座才建成不久的文庙，如今成了洋人的军营，里面任何一个新奇有趣的建筑和设施，都足以激发他们身上从一踏上中国土地就具有的强烈的破坏欲。果然，等到这些荷枪实弹的洋兵们撤走后，庙内设施和建筑已毁损大半，让人一眼觉得面目全非。"[1]

同治三年（1864年）六月，英法两国士兵撤防，但令人痛心的是上海文庙内多处建筑被毁损。事后，巡道丁日昌部署知县王宗濂发起捐修倡议，重新修葺大成殿、明伦堂、学门以及各祠等处。当年秋，巡道应宝时续款再修，修葺后的上海文庙内外一新。同治五年（1866年），巡道应宝时再次向文庙拨款，添配新祭器，增置乐舞，并扩建月台。

---

[1] 陆其国：《老上海迷人风情》，中国福利会出版社2004年版，第37页。

进入民国以后，上海文庙继续发挥尊孔祭祀、教育民
众、休闲娱乐等社会公共服务功能，在新的历史阶段一步步
由封闭走向开放。

祭孔在民国的延续

辛亥革命爆发后，人们对文庙的认知也在发生改变。民
国时期教育进入了一个新的发展阶段，在教育革新的时代氛
围下，上海文庙已不再是官方的学校教育机构，其功能和作
用随着社会的转型而转型。

废除科举、抹去教学任务后，上海文庙依然承担着祭祀
任务。民国时期上海文庙的修葺维护一直没有中断。1914
年，上海县公产经理处筹款修建文庙，并拓大成殿月台，置
祭器、舞器、祭服以备祭典之需。袁世凯执掌北洋政府后，
宣扬尊孔复古之风，从民间到官方，上海文庙祀典重兴。
1912—1927年，每年春秋丁祭，上海县知事和士绅前来上海

1933年孔子圣诞节，上海各界人士在上海文庙举行祭孔典礼
（图片来源：《礼拜六》杂志，1933年第606期。）

文庙参加隆重的祭孔典礼。

　　1918年9月，北洋政府定八月二十七日为孔子圣诞节，要求在该日放假庆祝，并悬旗结彩，当年上海文庙的祭典比往年隆重。孔诞日当天，上海军警行政各署均停止办公一天，城厢内外各学校亦停课一日。1919年10月2日的秋丁，自黎明开始，上海行政司法各官厅人员及上海各界绅士等齐诣西门内上海文庙，随后各界前来的祭祀者络绎不绝。

　　北洋政府后期，上海百姓对文庙的认知也发生着从积极维护文庙的道德价值与文化象征到更加开放地利用文庙空间的变化，出现了开放上海文庙并将其改建为公园的呼声和设想。

　　1924年5月，上海文庙洒扫局董王慕结感念"沪邑自治成立最早，一应建设亦称完备，惟地价过昂，以是公园独付阙如"[1]，倡议将文庙开放以建成公园，定名上海文庙园。大革命期间，上海文庙逐渐被开辟为面向大众的公共文化休闲场所。1925年9月27日，上海小学教育研究会开会决议："圣

①《园林清讯》，载《申报》
1924年5月8日。

诞日举行仪式：一、由县教育局会同县教育会通告全县各小学校于圣诞日上午集合全校学生，举行谒圣礼，唱颂圣歌，训话；二、城区学校可至孔庙行礼，唱歌，并在校中行训话。"[1]在上海文庙这样的旧时儒学圣地，以这种新旧结合的形式，对小学生进行三民主义教育和公民修身教育。

1927年7月，在大革命浪潮中，上海特别市成立。当年，上海文庙的秋祭中断，上海特别市工务局向市政府备案，拟将文庙改建为文庙公园。

1928年文庙春祭之时，上海时局趋于稳定。南京国民政府成立后，大学院即训令废止春秋祀孔大典。1929年1月，国民政府公布《寺庙管理条例》，明确要求各寺庙根据自身财产状况，自行办理一种或数种公益事业，包括各级小学校、民众补习学校、各季学校、夜学校、图书馆、阅报所、演讲所、公共体育场、救济院、贫民医院、贫民工厂等场所。

文庙公园的改造

"上海市建设改造之始，重要之政，社教乃一。窃念公园为社教之一种设施，查沪南人口稠密，市肆繁盛，独公园之设尚无。"上海士绅呈书市政府，表示"上海为全国荟萃之所，中外观瞻之区，故时政设施，当用先知先觉之精神，为全国之先导，故公园之设立，亦为市政之要图。"当时，上海租界的公园华人不得随意进入，而上海南市的私家花园，或是不向民众开放，或是售票入内，而上海文庙每年除了在祭祀的日子两度开放外，终年封闭。所以，把文庙开辟为公园是民心所向，且文庙旧有的泮池是现成的池沼，合乎公园的布置，赞同将文庙开辟为公园的市民表示"沪南文庙，地处

① 张国鹏：《政权与信仰变革下的民国文庙——以上海文庙为考察中心（1911—1934）》，南开大学硕士学位论文，2016。

中心，建筑坚固，内有魁星阁、泮水池、明伦堂，可作演讲之所，借此宣传三民主义，既可将党义灌输民众，又可表示尊孔，供人游览。"[1]

　　然而，1928年底，上海市教育局与工务局因上海文庙改建计划产生了争议，工务局计划将上海文庙改建为公园，并已获得政府批文，而教育局则计划利用文庙推行民众教育，并在事前未与工务局会商的情况下直接上书市政府，提出将上海文庙全部改建为民众教育馆的激进要求。1929年2月，市长张定璠否决了教育局将文庙全部改建为民众教育馆的提议，维持了工务局原拟将文庙改建公园、于其内设立民众教育馆的议案。"文庙公园"的概念便在上海市民头脑里形成了，以至于20世纪30年代上海文庙被改建成民众教育馆、上海图书馆等后，人们还是习惯将它们以文庙公园概称。

1933年的上海文庙公园绿荫和魁星楼
（图片来源：《新上海》杂志，1933年第1卷第1期。）

① 陈松盛：《文庙辟为公园之益》，载《申报》1924年7月15日。

1931年3月，上海市政府开始兴建文庙公园，增减假山和池塘，一、二期工程于10月完成后，余下工程因资金不继而作罢。之后，移交市教育局管理。同年12月，将文庙改为上海市民众教育馆，教育局在文庙内明伦堂设立第一中心民众学校，分早班、半日班、夜班授课。民教馆秉持"造成健全公民"之民众教育目的，积极筹划开展各种各样的活动。这些活动大致可归入两大类别，一是培养"党国大义"，激发民族精神，二是进行社会教育，改进日常生活。1932年6月，上海文庙尊经阁被改建为上海市市立图书馆，内有藏书15300余册，是上海市首家公共图书馆。[1]与此同时，上海文庙的其他各处建筑也做了相应的改造，大成门初改建为展览室、儿童阅书室、娱乐室，大成殿改造为祀孔彝器陈列所，崇圣祠改造为"一·二八"战绩展览室、生计展览室，明伦堂改造为演讲厅、民众学校教室、阅报处等，魁星阁改造为会客室，儒学署改造为公民教育展览室、东北战迹展览室、健康教育展览室。

抗战时期发挥民众教育作用

1937年卢沟桥事变发生后，抗日战争全面开始。当时的上海，是繁华的城市，远东第一大都会，有"东方巴黎"之称，其发达程度，超过当时的东京。彼时的上海，人口约370万，商业与娱乐事业发达，南京路上的新新公司，在炎热夏天，特别告诉顾客"商场全部施放冷气""最新科学设备不寒不湿"。《申报》发行量已逾15万份，是大街小巷的消息来源之一。《申报》上的文字和图片，向这座城市的人们宣告了战事的到来。7月9日，《申报》报道《华北形势突变　日军炮轰

[1] 张国鹏：《政权与信仰变革下的民国文庙——以上海文庙为考察中心（1911—1934）》，南开大学硕士学位论文，2016年。

宛平县城》。

1937年8月9日，日军蓄意制造事端，派遣士兵乘军车闯入虹桥中国军用飞机场，开枪打死一名机场卫兵。中国军队自卫，击毙日军官兵两名。日本遂以虹桥事件为借口，向上海大举进攻。

文艺界人士的爱国之心也在淞沪会战前被激发。1937年7月28日，上海文化界成立救亡协会，蔡元培、潘公展、陶百川、吴开先、胡愈之、欧阳予倩等被选为理事，发表救亡宣言："四万万五千万人，现在只有一条心，就是实行全民族抗战，反对侵略，收复失地……我们虽然是弱国，但是我们有坚强的决心，我们的国防实力比敌人弱小，但是我们却有广大的民众力量，中国是不可能灭亡的。"①

1937年8月8日，上海文庙举行"国民救亡歌咏协会成立大会暨救亡歌咏大会"，五十多个群众歌咏团体约一千人涌入，孟波、冼星海、麦新、鄂克定、徐则骧、郭沫若在主席台就座。徐则骧致开幕词，鄂克定作筹备经过报告。会议决定在这天下午举行救亡歌咏大会，演唱的抗日救亡歌曲有《大刀进行曲》《义勇军进行曲》《热血》《救国军歌》《救亡进行曲》等二十多首。

其时，《大刀进行曲》的原名叫作《大刀进行曲——献给二十九军大刀队》。年仅二十三岁的作曲家麦新先生被二十九军的精神所感动，特地为在长城附近喜峰口用大刀杀敌的二十九军大刀队所作。在它的原始版本中，歌词为"大刀向鬼子们的头上砍去，二十九军的弟兄们，抗战的一天来到了……"后来，麦新先生将其副标题删去，将歌词改为"……全国武装的弟兄们……"，使其传唱更为广泛。

歌咏大会上，麦新站在大成殿前的石露台上，教众人高

① 邱智贤：《从七七到八一三：老上海商人的抗战广告》，载"易网历史"网。

唱自己刚刚创作的《大刀进行曲》。当年的《申报》记录下了当时的情形：8月8日下午2时，国民救亡歌咏协会成立大会音乐会在文庙举行，麦新走到文庙大成殿前的石露台上带领群众唱了一遍又一遍，越唱越有劲，越唱情绪越激昂。

　　1937年"八一三"淞沪会战时，上海文庙所处的邑庙区也遭到了日军的多次轰炸。为占领南市，在长达三个月的时间里，日军动用大批飞机、大炮和舰炮，对南市进行狂轰滥炸，上海文庙再次被毁。1938年《上海生活》上刊登了《劫火话城南》一文，作者华子这样痛心回忆上海文庙："城南毁了，但流寓上海长久了的人，对于文庙公园，一定会致着深刻的怀念的，我相信。尤其在城南居留过的更不会忘记文庙公园那清新的风景所给予的好感。"①

① 华子：《劫火话城南（续）：三、文庙公园》，载《上海生活》1938年第2卷第4期。

崭新篇章：
新中国成立后
上海文庙的发展

新中国成立后，上海文庙日益得到保护，并先后被列为南市区文物保护单位和上海市文物保护单位。

被列为南市区文物保护单位

1949年5月，上海文庙所改建的上海市民众教育馆由上海市军管会接管，并建立上海市沪南人民文化馆。1953年起，文庙历经多次重修。1960年初，邑庙区文化馆和蓬莱区文化馆合并为南市区文化馆，设址文庙路215号文庙内。

1979年，上海市文物管理委员会拨款重修大成殿、明伦堂、魁星阁、崇圣祠，重建东西庑殿，并疏浚天光云影池。1989年秋，孔子佩剑铜像在文庙大成殿前落成。铜像大理石基座上刻着学者周谷城手书的"先哲，伟大的教育家孔子铜像"。

开设文庙书市

1993年，在上海市民的提议下，上海开办起旧书集市，地点就选择在上海文庙大成殿殿前东西两庑之间的空地，称为"上海文庙书刊交易市场"，俗称文庙书市。文庙书市在每周日的7：30—16：00举行，从大成门到大成殿前的院落，是整个旧书市场的全部场地。20世纪90年代，上海文庙旧书集市广泛受到群众的欢迎，被赞誉为"沪上淘书乐园"。后来随着书市规模的扩大，上海市政府在文庙东北部沿梦花街、学宫街处，建造了一条仿清式街坊，与文庙主体建筑相匹配，建筑面积约3130平方米，将原在大成殿、东西庑殿内的文庙书市迁往该处。

修复后被列为上海市文物保护单位

1995年，根据"以旧区改造为重点，以道路建设和旅游为先导"的发展战略，南市区制定了文庙修缮、开发的方案，采取整体规划、分步实施的方法完成。1997年，南市区人民政府拨款对文庙进行了历时三年的全面整修，修缮后的上海文庙，重建建筑面积333平方米的尊经阁，修建了地下车库与240平方米的书库；整修大成殿266平方米，石露台332.94平方米，东西庑殿353.17平方米，大成门及殿前东西平房262.92平方米，大成殿前大院998平方米；重建明伦堂296.14平方米，仪门72平方米，学门23平方米，听雨轩64平方米，宣廊、杏廊220平方米，儒学署246平方米，天光云影池954.46平方米。修复后上海文庙的总体格局分为两大部分：第一部分为祭祀院落，从棂星门、大成门、东西庑房，大成殿及其殿前石平台至崇圣祠，全部按明清建筑风格原貌修复；第二部分为教学院落，包括魁星阁、明伦堂、天光云影池、儒学署、尊经阁。

在修复文庙建筑群的同时，增添了殿、阁、楼、堂等。大成殿东、西、北三面壁，安置了全本《论语》碑刻，正中设置香樟木雕刻的孔子、颜子、曾子"三圣像"，其东侧置有文庙出土的清同治年间铸的编钟，西侧置有大鼓一只，上面梁间悬置"圣集大成""圣协时中""德齐帱载"等匾额，大成殿前梁坊上置有"万世师表"匾额，其下前方石露台上置有孔子佩剑铜像一尊，其东南角置有大成钟一口。宣廊内壁间置有《上海县籍进士名录》碑刻。明伦堂堂前置有大青铜方鼎。杏廊壁间置有《上海县学记碑》等十余方元、明、清三朝记载文庙和县学历史的碑刻。儒学署前的天光云影池中安放着灵璧巨石"龙吟虎啸"，儒学署一楼被改造为"尧缔茶壶博物馆"。

1999年9月24日，上海文庙修缮竣工开放仪式盛大举行。2002年4月27日，上海文庙被上海市人民政府批准为上海市文物保护单位，以崭新的面貌向世人开放。

上海文庙的选址、布局及生态

上海文庙屡毁屡建，五次迁址，现位于上海中心城区老城厢内的西门附近。走过历史的风云变幻，这所文庙保存至今十分不易。而在上海文庙的选址和迁址重建过程中，县城布局和城内水流是两大关键因素。

上海文庙方位：
东南文德之方

历史传承

咸丰五年（1855年）以前的上海文庙一般被民众称为"旧文庙"或"旧学宫"，1856年以后的老西门附近的文庙称为"新文庙"或"新学宫"，新旧之称以示不同位置的两处文庙之区别。上海文庙的旧学宫选址，始于上海镇学在方浜长生桥南岸。南宋景定年间，本地士绅唐时拱、唐时措两兄弟于方浜长生桥附近购韩姓房屋，并改建为文昌祠，画孔子像于祠中。随着上海由镇升县，文昌祠也便升格为文昌宫。咸淳年间，唐时措在文昌祠后增建学堂作为"诸生肄习之所"，这便是镇学，也就是上海县学文庙的前身。上海县学就是在上海镇学的基础上"大其基址""隆之"，即在镇学原址上扩建而来。

文庙五次迁址，原址都已不复存在，了解上海文庙的历史样貌，必须借助历朝历代的上海县志。洪武《上海县志》已遗失不可见，弘治《上海志》在历史上也曾失传约三百年，直到1934年才在宁波天一阁被找到，且为孤本；嘉靖年间的《上海县志》也是失传了几百年后直至晚清才被再次发掘，民国影印出版后才得以流传。方志存世之艰难，由明代的洪武《上海县志》、弘治《上海县志》、嘉靖《上海县志》三部志书之遭遇可见一斑。

历代《上海县志》可以帮助今人了解上海县布局概况，从而更清晰地了解上海文庙所处方位、选址和迁址的历史。现今保存较为完好的有弘治《上海县志》、嘉靖《上海县志》、万历《上海县志》、康熙《上海县志》、乾隆《上海县志》、嘉庆《上海县志》、同治《上海县志》、民国《上海县志》、民国《上海县续志》等，其中同治本质量最佳，内容最详细。

方志是后世开展文庙研究极其重要的史料来源，也是展现文庙研究成果的平台。历代方志通常在疆域志、建置志、学校志、人物志以及选举志中或多或少地对当地文庙进行相关记载，如对文庙学宫平面图的绘制，对文庙的沿革发展史的记录，对学宫教谕、训导的事迹的褒扬宣传，对科举登科士子的表彰纪念，等等。

元至元三十一年（1294年）上海文庙建立，其选址是在县署之东一百二十步，但是宋元明几朝图像数据已经很难寻到，从清代官方编纂的《上海县志》中可以依稀看到上海文庙所处方位的大体情况。在清同治年间的《上海县城图》中，还可以看到"学宫旧址"和"魁阁"的大体方位，在县署东面不远处；而县署西面不远处就是与之对应的武庙。文庙虽屡毁屡建，但是其大体都在上海县中心城区中的县署附近，借助古代上海县城图能够更为形象地了解文庙的位置。

历代城市地图是历史研究中的重要图像史料，明清时

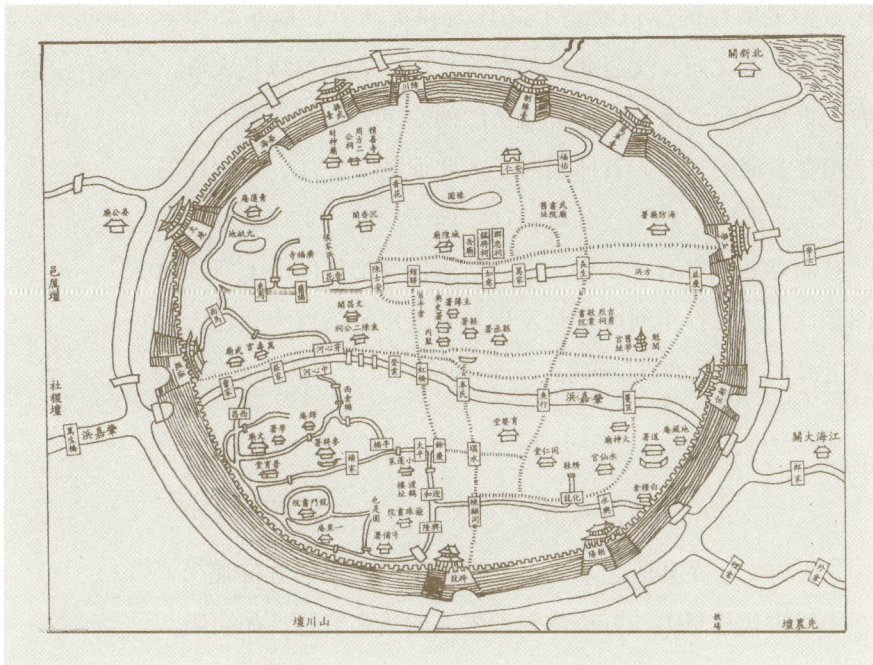

清同治年间《上海县城图》（图片来源：同治《上海县志》）

期官方编纂的《上海县志》、谭其骧主编的《中国历史地图集》、周振鹤主编的《上海历史地图集》以及孙逊与钟翀主编的《上海城市地图集成》是重要的图像史料来源，可以作为研究上海文庙的重要史料。其中上海师范大学都市文化研究中心的历史地理专家孙逊、钟翀共同主编的《上海城市地图集成》，被视为至今为止关于上海空间变迁最为完整的地图文献集成，有助于更加形象地了解上海文庙的所处方位。

《上海城市地图集成》中最古老的一张城市图是明弘治十七年（1504年）的《上海县城图》，这是至今发现的最早的上海县城图。从图中可以看到，当时上海还没有围建城池，图中并没有明显的县城边界，仅有浦东和浦西之分，而中心区域中最明显的标识物是上海县衙和黄浦。县衙东临即学宫，即上海文庙，文庙北是都察院。图中右侧边缘是大海，右上方是黄浦入海口，而黄浦从图的左下方贯穿至右上方，宝山在黄浦的东岸，黄浦当时汇入北面的吴淞江，吴淞江的尽头是吴淞口。经上述分析，这张地图绘于"上海筑城"和"黄浦夺淞"之前，年代久远。与清代同治年间的上海县地图相比，这几百年间可谓是发生着翻天覆地的巨大变化。但就上海文庙所处的方位来说，可以确信其位于"县治之东"。

方位观念

为何文庙在县治之东，这就需要了解古人的方位观念。在中国古代思想中，方位体现着先人的诸多智慧，如阴阳八卦、五行、四象、二十八星宿、二十四节气等，都是以方位为基础演绎的。《要宅经纂》中讲："文庙建甲、艮、巽三方，为得地。庙后易高耸，如笔如枪，左宜空缺明亮，一眼看见奎文楼，大利科甲。"按照风水理论，南方丙丁火，具有炎热向上的特性；东方属于甲乙木，具有生发、通达的特征。东南是日出之地，是城市中日照时间最长的方位，是一个生机勃发、欣欣向荣的方位，有文德意向，寓意着朝气和昌盛，文风兴盛，适合建文化建筑。如清道光十三年（1833年）《兰州府志》记载："兰州府学在府城东南，本旧州学，元至元五年知州姚凉建，明万历二十九年重修。国朝乾隆三年改府，因为府学。明伦堂左为教授署，右为训导署。"另有乾隆十一年（1746年）甘肃《静宁州志》记载："文庙，在州治东南，前抵街，后抵训导宅，左射圃，右儒学，庙之东隅为崇圣祠，左右东西庑相连干门，干门前泮池，池西一门通明伦堂，池东一门通崇圣宫池，前棂星门射圃，东有菜园十余亩，供一州官吏，饮水环庙入池。"[1]可见许多地方文庙和上海县文庙大体相似，一般都在县治东或东南。

中心城区

明朝中后期海盗和倭患严重，黄浦江畔的上海县官府为了百姓安全修筑城池。嘉靖三十二年（1553年），上海官民团结一致，历时三个月时间，建成了周长九里、高二丈四尺的城墙（今中华路、人民路环内）。筑城以后，原有城门六座，俗称大东门、大南门、老西门、老北门、小东门、小南门。1866年以后，为了与租界洋场"接轨"，又先后增辟新北门、小西门、小北门、新东门。

清咸丰年间，小刀会起义被镇压后，县治之东的上海文庙因毁于战火，不得不迁址县城西门附近。从同治年间的《上海县城图》中，可以看出新北门等已经开辟，在县城内西南方位，新学宫已经建成，文庙西临儒学署，离新学宫最近的河流，是从北面的肇家浜分出的。而县署东已废弃的文庙旧址，则处于方浜和肇家浜两条河流之间。

靠近县城西门重建的上海文庙有水流之便。活水寓意书中新知，这样的布局可以便利将流动的活水引入上海文庙泮池中，以寄学宫中的读书人能不断汲取知识，获得新知。

清道光二十三年（1843年），英国第一任驻上海领事巴富尔向当时的上海道台宫慕久请求在县城内建立领事馆。宫慕久以"县城里房屋拥挤"为推辞，拒绝了巴富尔的入城要求，建议英人将领事馆设在城外。据传，正当巴富尔怏怏然离开道台衙门时，一个姚姓广东商人上前搭讪，称愿意把自

① 王烜纂修：《静宁州志》，清乾隆十一年刻本。

己在城内的宅第借给英人，巴富尔喜出望外，住进姚宅。谁知几天以后，巴富尔发现，他们一行的一举一动都被人围观，刷牙喝水吃饭穿衣，都有人指指点点。原来，精明的姚氏把他们当作展品，竟售票供人参观，巴富尔一怒之下退出姚宅。道光二十六年（1846年）4月，巴富尔在上海县城以北李家厂一带（今中山东一路外滩）租赁土地一百二十六亩，作为建造英国领事馆的地界。稍后几年，根据中美《望厦条约》、中法《黄埔条约》等不平等条约，美、法租界也相继在城北建立。

城厢是我国历史上特殊的地理区域概念。城墙以内称之为"城"，而城墙外人口稠密，有一定经济活动的地区称之为"厢"，所以城厢往往包含了城池内外的生活、商贸区域。上海老城厢并没有一个明确的行政划分，较为有说服力的是钟翀的观点。他认为，"上海老城厢"是指宋元建县前所谓"镇市"、元初建县至明嘉靖筑城前所谓"县市"、嘉靖筑城后直至近代的"县城"区域。一般来说，老城厢的概念是指明嘉靖三十二年（1553年）筑城后城墙内外的区域（约2.2平方公里）。[①]

南市老城厢，曾是上海开埠前的政治、经济、文化中心，当年的老城厢河道纵横，桥梁遍布，浜中行船，水是活水，城是青城，桃红柳绿，一派江南水乡景象。然而上海自开埠到19世纪70年代，经历了小刀会起义与太平军几度进军上海的影响，战乱使大批华人进入租界，改变了原本的华洋分居局面。开埠后中外贸易的兴起，战争期间各地人口向上海的大量聚集，也曾推动老城厢的繁荣。辛亥革命后，上海地方当局决定拆城墙，填护城河，修筑绕城马路，江南水乡不复存在，一个新兴的商业城市迅速发展。民国初年兴起

① 钟翀：《上海老城厢平面格局中的中尺度长期变迁揉析》，载《中国历史地理论丛》2015年第3期。

"拆城墙运动"，其时拆掉了大部分的老城墙。虽然老城墙拆了，但老城厢的文化之根——上海文庙还在延续。

沪籍学者陆其国曾经评说"老城厢是后来大上海的发端"。从同治年间的上海县城图中可以看到，老城厢内有豫园、城隍庙、上海文庙、龙门书院、敬业书院、蕊珠书院、火神庙和财神庙等。老城厢自明朝修筑城池以来已有四百多年历史，直至民国初年始终是上海的政治、经济和文化中心。今天的老城厢已经俨然成为一座城中城，从上空俯瞰，就像是上海这座城市的心脏，而就地理方位而言，坐落于上海老城厢西南位置内的上海文庙则是"心脏的心脏"。

鸟瞰上海"心脏"（图片来源：图虫创意）

上海文庙选址：
水流河道之便

清代中期以前，上海地区一派江南水乡风光，河道密布，水系发达，人们以乘船为主要交通方式，所以文庙选址中水利因素占到很大部分。

水道交通便利

《礼记·王制》中讲道："天子命之教然后为学，小学在公宫南之左，大学在郊，天子曰辟雍，诸侯曰泮宫。"《诗·鲁颂·泮水》中也提到"思乐泮水，薄采其芹"。古代学校选址与城镇和水流有密切关系，一方面，需要在县城交通方便的地方；另一方面，需要有水源。古代学宫需要布局在县城内署衙附近，围绕着县署或道署，而且以水路为主的江南水乡一定是优先考虑临近水道、交通便利的地方。

元明清时期，上海城还是一片江南水乡的风貌，据嘉庆《上海县志》中的《古上海镇市舶司图》记载，宋末元初的上海镇有桥近30座，发展到清朝，增加至56座，同治《上海县志》中的《上海县城图》，标示城内肇嘉浜、方浜、侯家浜等与周围水道连成江南水网格局。依据历代上海地图和县志等史料，清咸丰五年（1855年）以前的上海文庙就在方浜南岸，长生桥以东，益庆桥以西，引水自方浜，以通泮池。咸丰五年（1855年）移建西门附近以后，文庙在肇家浜南岸，西昌桥以南，穿心河以西。

泮池引水便利

张亚群在《泮池考论》一文中提出，"地方官学孔庙中兴建泮池是受鲁国泮宫和泮水的影响"，而且泮池是孔庙"不可缺少的构筑物"，是"中国古代地方官学孔庙形制中的重要组成部分"，是儒家思想"孔泽流长"的象征，具有庄严性和神圣性。[①] 上海文庙遵循严格的礼制规范，在传统风水观念和儒家礼仪思想的影响下，文庙选址非常讲究临水，需要引水通池贯门。

浜，《辞海》中意为"小河沟"，《康熙字典》中解释为"沟纳舟者"，即可以行船的小河沟。上海地处江南水乡，河渠众多，在清代上海县城内，有方浜、侯家浜、黑桥浜、肇家浜、乔家浜、穿心河等水流，其中最大的两条是方浜和肇家浜，而这两浜对上海文庙的选址和迁址具有决定性的意义。

方浜是横贯上海县城的一条主要的河流，流域大体呈方形，方浜在肇嘉浜北，浦水由学士桥下入宝带门水关，城内由东向西过益庆桥、长生桥、葛家桥、如意桥、驿馆桥、陈士安桥后，向北分出支流侯家浜，接着再北折而东，过北香花桥、安仁桥，至福佑桥到县城东北，这样就形成了一个方块，所以称其为方浜。

① 张亚群：《泮城考论》，载《孔子研究》1998年第1期。

方浜两岸，是大上海的发祥地，明清以降，方浜中段渐商贾云集，是"老城厢第一街"。据同治年间的《上海县城图》所示，当时的方浜流经上海县最繁华地域，风光无限，犹如今天的南京路。在以船舶为主要交通工具的江南水乡，上海百姓可以泛舟方浜，泊如意桥或陈士安桥，可以从城隍庙大门前庙前街上岸，经泊益庆桥或长生桥可以去文庙祭拜先贤，过驿馆桥可以到县衙。清咸丰五年（1855年）以前的上海文庙就在方浜南岸，长生桥以东，益庆桥以西。由于位置临近方浜，引水条件便利，上海文庙泮池中的水就引自于此。肇家浜是上海旧城厢中的另一条干流，东接黄浦江，西连蒲汇塘，也是上海文庙坐落于西门附近后泮池引水的来源。

上
海
文
庙
迁
址
：
五
次
迁
址
之
殇

上海文庙七百多年间五次迁址，是不争的事实。1941年《上海生活》杂志刊登的文章《祀孔的文庙：于今已五迁》对文庙由元初至清末的迁址情况作了基本介绍：

> 远在十三世纪中叶，上海始有镇学，建筑古修堂，图孔圣遗像，始备文庙的雏形，当是时在方浜的长生桥东北，即天官坊街左近。……直到1310年，当地绅士，因嫌文庙现制隘陋，捐出巨资，备修建学宫，后在县西首相度得官地十五亩，建筑新学宫，在淘沙厂。新文庙存在仅四年，重被迁回原址，不过庙制愈增宏大，不仅备供学子肄修，并可为胜游场所，以后文庙历有兴修和葺治，但是地址始终在原处，没有移动过，同时，清帝也是颇加崇敬，不时修治。后到1853年，小刀会事，文庙被毁，旧址无可收拾也就迁移到西门内右营属的废基，这就是现在文庙的所在地。①

① 佚名：《祀孔的文庙：于今已五迁》，载《上海生活》1941年第5卷第4期。

上海文庙五次迁址情况如下表：

上海文庙五次迁址情况简表

	时间	迁出地	迁入地	备注
第一次迁址	至大三年（1310年）	学宫旧址	县治之西	瞿霆发捐田
第二次迁址	延祐元年（1314年）	县治之西	学宫旧址	延祐回迁
第三次迁址	咸丰六年（1856年）	学宫旧址	新学宫	新址新建
第四次迁址	咸丰十年（1860年）	新学宫	大境关帝庙	英法军队占文庙
第五次迁址	同治三年（1864年）	大境关帝庙	新学宫	回迁

第一次迁址

上海文庙从建成开始就在县署东。元朝初年的上海学宫面积狭小且设备简陋，学田七顷中两顷已经荒芜，这让时人感慨痛心。元初，上海文庙第一次迁址，从县衙的东面迁到"县治之西"。"瞿霆发助田""邑先达瞿霆发"出资购买民田五百多亩给县学准备新建学宫，还捐出部分钱财准备作为"建学之费"。当地官府有感于瞿霆发的慷慨行为，在此前的五百亩基础上又划拨"官地十五亩于县西"。有了乡绅和官府所划拨的土地后，元朝至大三年（1310年）上海文庙得以移建。

第二次迁址

文庙移建县治之西仅仅四年后，即延祐元年（1314年）新任地方官员县丞王珪就废新学宫，迁回旧址再建。"邑丞王君珪改作学于县东"，回迁后的上海文庙，即由县治之西迁到县治之东，文庙迁回县署以东，延祐回迁后，上海县学文庙整体建筑焕然一新，为后续长远发展奠定了基础。在关于上海文庙的历史文献中，常常出现"文庙旧址""学宫旧址"之说，旧址指的就是县治之东的这处。

第三次迁址

晚晴时局动乱，小刀会在起义过程中攻占了上海县城，并将上海文庙作为指挥所。咸丰五年（1855年）小刀会起义被镇压，上海文庙的殿、阁、堂、祠皆毁于战火。同治《上海县志》中对此记载道："咸丰三年八月，会匪。陷县城，逆首盘踞学宫。五年元旦复城。殿阁堂祠皆毁，绅士禀请官师，乃移建于县西南右营署故址。"

复城当年（1855年），上海文庙旧址的一片断壁残垣"已无可收拾"，在旧址重建文庙时，大梁未上便遭火灾。于是觉得原址建庙不利，触犯火神而不得不再次迁址。上海士绅刘枢、李钟翰等人奏请将学宫移建到西门内南边右营署废基（即原明代海防道署遗址），从原来的县署之东迁到县城内西南的肇家浜南岸位置。

新学宫于咸丰五年（1855年）农历七月破土兴建，第二年七月竣工，新的上海文庙历时一年建成，再建费用主要由上海沙船巨商郁泰峰捐赠。今天我们看到的这处上海文庙，便是由第三次迁址而重建来的。尽管是迁建重建而来，并非原址原建，但是其历史价值、文化价值和教育价值皆不能小觑。

第四、第五次迁址

同治《上海县志》中记载："咸丰十年夏，粤寇犯境，以西兵协防，屯驻学宫，神牌暂移于关帝庙内。"[1]1860年夏，太平天国起义，李秀成部进逼松江。上海县官、绅商为防不测，共邀英、法兵入城协防。是年八月，英国公使普鲁斯、法国公使布尔布隆连衔发布通告，表示将以武力"保护"上海租界和县城。根据英法之间的商议，法军协防东门、北门，英军协防西门和南门，西门附近刚刚新建的文庙被作为协防士兵驻屯场所。文庙中供奉的先师圣贤暂时移到大境关帝庙内，这是上海文庙第四次迁址。而四年后的回迁则是上海文庙最后一次搬迁。

从咸丰十年（1860年）到同治三年（1864年）间的四年时间里，战乱使上海文庙暂时借武庙之地，迁址、搬迁，实乃不得已而为之。战乱平息后，上海文庙很快从关帝庙搬出，迁回原址。但是，文庙大半被战火破坏，庙内诸神像也被英国驻军故意损毁，当时上海县官员丁日昌以"西人不识学之为学"[2]为借口，没有追究英军不善保管文庙陈设的责任，继而上海县官吏和民众再次筹款捐资修整了文庙正殿、两庑、戟门、棂星门等。

在以往的相关研究中，对太平天国时期的上海文庙用笔较少。以往对小刀会起义中的上海文庙有所书写，而几年后太平天国运动中的上海文庙，却常被历史遗漏。笔者通过对这段历史的发掘、整理，希冀可以充实上海文庙之研究。

① 应宝时修，俞樾等纂：同治《上海县志》卷9《学校》，清同治十一年刻本。

② 应宝时修，俞樾等纂：同治《上海县志》卷9《学校》，清同治十一年刻本。

上
海
文
庙
布
局
：
礼
制
建
筑
之
规

庙学合一

文庙，是中国封建社会从中央到地方典型且普及的一种传统建筑类型，多为庙学合一的空间布局形式。文庙学庙接邻，既是祭祀儒家创始人孔子的场所，又是培育儒学人才的基地；既鲜明体现着官方意志和文教礼治，又密切联系着儒家生徒的治学求学。文庙多因学校而设，它们和中国古代的府学、州学、县学等地方官办学校共同组成一个特殊的建筑群。学庙接邻，其中文庙的大成殿等祭祀场所是官办学校的信仰中心，而明伦堂等教学场所则是文庙存在的现实依据和功能所在。文庙与官学合而为一，承担了祭祀和教学的双重职能，大成殿和明伦堂是双重中心。这是地方文庙的一般特点，上海文庙也不例外。

学宫一词在西周时期已经出现，与后世经常使用的辟雍一词意义相同，是周天子设立的大学，是专门教授贵族子弟的场所。《礼记·文王世子》中记载："凡始立学者，必释奠于先圣先师。"唐以后，州县普遍设立学校和先师庙堂。唐玄宗于开元二十七年（739年），追封孔子为"文宣王"，于是孔庙又被称为文庙。从唐朝初期开始，州、县官学开始在学宫旁边建立祭祀孔子的文庙，庙学合一的文庙布局形式初步形成。北宋的三次兴学浪潮加速了庙学相结合的文庙发展态势。

据同治《上海县志》记载："县学旧在县署东，初为镇学。宋景定中唐时措市韩氏屋，立文昌宫，请于监镇建古修堂，为诸生肄业场所。"文昌祠是供奉读书人所崇拜的圣人孔子的地方，古修堂是学子读书习业的地方。文昌祠与古修堂，一个是供奉儒学圣人孔子的祭祀场所，一个是兴学育人的教学场所，一庙一学，已初步显现文庙庙学合一的雏形。

上海文庙的大成殿主要用于祭祀孔子以及其他从祀大儒先贤，是祭祀空间，而明伦堂是读书、讲学、弘道、论辩之所，是综合性的教学空间。大成殿和明伦堂共同指向文庙教化育人的教育目的。上海文庙建筑群中的零星点点，如照壁、泮池、棂星门、明伦堂、两庑以及尊经阁、乡贤祠、名宦祠、钟鼓亭、藏书楼、魁星阁、碑亭等分散的建筑体，与大成殿和明伦堂这两大"庙""学"核心建筑体一起，作为上海文庙的有机组成部分而共生，共同构成上海的一方文脉。

上海文庙因学设庙，庙学合一，学在庙中，庙中有学，那么上海文庙将庙与学设在一起有何益处呢？

首先，上海文庙庙学相依，教学功能区和祭祀功能区相邻而设，便于学宫中的儒学生员就近学习圣人的嘉言懿行。"圣人之为圣人，非如天如神，而其行至庸。凡圣人之所行，皆众所能行。众人之所行，不请圣人则不达，此吾夫子之所以师表乎万世也。"[1]县学中的学生在紧临祭祀孔子的地

① 高明士：《中国教育制度史论》，台湾联经出版事业公司1999年版，第154页。

方学习、生活，与大儒先贤留下的经典文献朝夕相处，在日升月落中，完成着体察与浸润式的学习。

其次，历代上海文庙祭拜孔子等儒家先师大儒，尊师重道，有利于维护儒家道统的延续。儒家道统是关于儒家圣人之道及其传授系统的学说，主要指孔子的仁礼之道、孟子的仁义之道、荀子的天有常道等儒家思想。上海文庙中士子生员均在此学习儒家圣人之道，以《大学》《中庸》《论语》《孟子》等儒家经典作为基本教材，仰望先师孔子与后儒配享、从祀，并且每年都在此举行盛大的祭孔典礼，延续道统。

最后，庙学合一是一种精神需要和政治需要，特别是在朝代更迭或战乱平息、社会意识形态混乱、上海地区亟待稳定民心时期，通过在上海文庙这一本地精神地标中，举行一系列的修复学宫、春秋丁祭、科场取士等，借由文化秩序的重建和思想正统的重申，可在一定程度上实现社会政治局面的稳定。

右庙左学

文庙作为一种礼制建筑，自有其严格的基本制度，比如，府、州、县学的文庙对应不同的规模和标准，府学文庙比州学文庙和县学文庙的规模要大。举例来说，天津府学文庙与天津县学文庙虽东西并置，但是府学文庙居左为上，大成殿面阔七间，屋顶用黄色琉璃瓦，而县学文庙大成殿则是面阔五间，屋顶用青瓦，体现了严格的规制差别。又如，一座文庙无论大小、等级、规模，都须建有万仞宫墙、棂星门、泮池、大成门、大成殿、两庑、崇圣祠等，其完整性，已经成为衡量一座文庙是否形制完善和规范的标准。此外，文庙空间布局也有其基本制度。一般来说,文庙的祭祀空间和教学空间两者分布关系主要有左庙右学与右庙左学、前庙后学三种。

左庙右学是基本规制,这种布局源于儒家"崇左""尚左"的传统,周礼中的"昭穆之制"中也存在着"以左为祖"的原则,符合左祖(宗庙)右社(社稷)原则,所以先圣、先师之庙应建在学宫之左,左庙右学的文庙出现较早且较为普遍。都城孔庙与国子监的布局也为左庙右学。明代中期以后,全国各地绝大多数庙学都是这种布局。

与传统的左庙右学相反的右庙左学的文庙布局形式,是在南宋及以后流行起来的。靖康之乱后的南宋,大量文庙出现反其道而行之的右庙左学布局。随着时移势易,颠覆传统的右庙左学演化为一种基本的文庙格局。从空间布局上看,上海文庙即为右庙左学布局形式,其大成殿和明伦堂是建筑空间布局的双重核心,以大成殿为核心的祭祀空间在西,其左侧是以明伦堂为核心的教学空间。

南宋庙学建筑另一种常见的布局形式是前庙后学,一直延续到明朝。前庙后学即南庙北学,除曲阜孔庙外,大部分前庙后学的文庙是因环境因素限制,难以在横向展开所有建筑,故而会出现前庙后学的折中布局。《固原州志》记载固原文庙为前庙后学,明弘治年间建成时,"广二十五丈,袤五十七丈。其地平正埂垲,堪为学宫。于是市材傛工,造大成殿八楹,崇五寻;戟门、棂星门各三间,崇二寻;两庑各二十五间,崇二寻。殿后起明伦堂五间,东西斋各六间;堂后作师舍四所;斋后作生徒舍四十间。"[1]

此外也有少量的中庙左右学形式,如云南建水文庙,一庙两学。这样的个别情况,往往是因为特殊原因而使当地府

① 宁夏固原博物馆编:《固原历代碑刻选编》,宁夏人民出版社2010年版,第159页。

学、县学并立而集聚在一处所致，两个不同层次的教学场所临近，共享祭祀场所。

现今的上海文庙，大成殿和明伦堂是各自独立的建筑，但相去不远，学庙接邻，学在东，庙在西，这也是上海文庙数百年来一以贯之的庙学空间布局秩序。

三进两院

"礼者，天地之序也。"文庙是严格遵循礼制规范的建筑，是体现主次尊卑的礼法空间，体现了一定的秩序性。上海文庙的空间布局不仅要满足祭祀和教学的使用要求，而且要严守繁缛的等级制度和礼制规范，文庙空间布局不仅仅以实用空间打造为目的，而且强调空间的庄严肃穆。上海文庙三进院的布局依靠建筑群体所形成的环境序列，体现文庙所追求的最终建筑效果——烘托儒学的高深博大与孔子的丰功伟绩，这一设计起到了使建筑空间成为儒家思想载体的目的。

各地的文庙根据不同的等级，其院落数量可分为九进、五进、三进等。曲阜孔庙采用九进院落，是地方各级文庙的本源，也是最高规格的文庙建筑形式。府、州、县等地方文庙也有相应的规模和标准，一般为三进院或五进院，其中采用三进院落的比较多，一般第一进院落是棂星门至大成门部分，第二进院落是大成门至大成殿部分，第三进院落是大成殿至崇圣祠部分。例如北京孔庙整个建筑群从南到北共由三进院落组成：一进为先师门到大成门空间，二进为大成门、大成殿和东西庑所围合的空间，三进为崇圣门、崇圣殿和偏殿所围合的空间。采用五进院落的文庙也不少，如云南建水文庙、山西平遥文庙等。

上海文庙的第一进院落大成门前的院落，为棂星门至大成门部分，是前导祭祀空间，即进入主体院落的过渡空间。第一进院落是大成门前广场和周围门坊，是大成殿院落的前院，其宽度与大成殿院落相同，这是依照前院与主院宽度相等的古代院落传统规制做法。进入这进院落之前，首先看到的是棂星门，此门作为文庙空间的前导，突出了大成门，为后续空间的展开做了很好的铺垫。大成门是进入上海文庙祭祀主要空间大成殿院落的大门，其屋顶采用单檐庑殿。第一进院落比第二进大成殿院落要小，以此作为后续空间的铺垫，更能起到突出重点、轻重得当的作用。

第二进院落为大成殿院落，是以大成殿为核心的主要祭祀空间，南北包括从大成门到站台、大成殿，东西包括东西两庑和大成殿广场，该院落属于我国古代传统院落主院，与前院相比，虽然等宽但是南北的长度加长。大成殿高基重檐，黄瓦覆顶，朱柱门窗，白石栏杆，庄严肃穆，是整个上海文庙中最重要的祭祀建筑，并与该院落的东西两庑组建成一个围合、对称的空间，突出大成殿的雄伟、中正。从大成门到站台是空间过渡，引导人们逐步净化心灵、除去杂念，以崇敬之心祭祀孔子。

第三进院落，即后院崇圣祠院落，这进院落是由崇圣门、崇圣殿和东西配殿组成的独立完整的四合院式院落，与前二进院落分割明显而又过渡自然，反映出古人在建筑布局上的巧妙构思，同时借助对孔子先人的奉祀，烘托了孔子在封建社会中所拥有的崇高地位。在空间序列上讲，它是大成殿院落祭礼空间的向后延续，避免祭礼空间戛然而止造成的突兀，委婉地产生了一种转合的作用。这个院落是由崇圣门、崇圣殿和东西配殿组成的完整、封闭式院落，也是沿中

上海文庙第二进院落（图片来源：上海文庙官网）

上海文庙第三进院落（图片来源：上海文庙官网）

轴线严格对称的。这个院落虽规模较小，却是轴向空间的一种延续，更加强调轴线的作用，也更显庄严肃穆。

三进院落因其重要的功能性、等级性、规范性，成为文庙必不可少的院落布置。除了上述祭祀院落外，上海文庙在其左还有一个教学院落，也是按照三进院布局的，但没有祭祀院落那么严格。它以明伦堂为核心，包括学门、仪门、明

上海文庙一览图（摄于上海文庙）

伦堂、尊经阁，以及东侧附属的儒学署、听雨轩、天光云影池、魁星阁，在过去发挥着教学和管理功能。第一进院落是从学门到仪门，是前导空间，为下一步的进入做铺垫；第二进院是从仪门到明伦堂，这是主体院落，东侧是听雨轩，西侧是杏廊。明伦堂后到尊经阁是第三进院落，尊经阁为整个教学院落收尾。

纵轴对称

荀子曰："王者必居天下之中，礼也。"《吕氏春秋》也有"择天下之中而立国，择国之中而立宫"的记载，礼制强调居中的尊贵性，因此，在"居中为尊""贵者位于中"的传统建筑观念下，文庙建筑把纵轴对称看作理想布局。

通常来说，文庙的万仞宫墙、棂星门、泮池、大成门、大成殿都要遵循其固定的规制，即由南向北沿孔庙的中轴线依次排列，东西两庑则必须在大成殿前两侧排列，明显地呈现纵轴对称。沿主轴两侧严格对称，也就是说中心轴左右两侧建筑的对称性较强，与主轴的距离相等，这使得此建筑空间较其他院落更为肃穆。通过中轴线，文庙建立了尊卑有序的空间序列，使建筑空间成为儒家礼乐思想的载体。受中国传统礼制观念的深刻影响，上海文庙祭祀院落和主体教学院落对称，以纵轴线为主，横轴线为辅，左右严格对称，布局相当严谨。在中轴线的大成殿、崇圣祠、站台以及教学院落中的明伦堂、尊经阁等加强了视觉冲击，突显出庄严感和权威感。

上海文庙祭祀院落中大成殿纵轴线由南至北，依次是棂星门、大成门、站台、大成殿、崇圣祠；而教学院落中的纵轴线，依次是学门、仪门、明伦堂、尊经阁。

上海文庙纵轴对称的大成殿和东西两庑（图片来源："上海文庙"微信公众号）

藏风得水

风水作为一种世代沿袭的文化现象，在民间广泛流传，无论是都邑、村镇、聚落、宫宅、园囿、寺观、陵墓，以至道路、桥梁，等等，从选址、规划、设计及营造，无不受到风水理论的影响。梁启超在《论中国学术思想变迁之大势》中表示："郭璞葬经注青囊，为后世堪舆家之祖。而嵇康亦有难宅无论吉凶，则其风水之说盛行可知。"风水术或风水学确为长期盛行的一门显学，通过察天观地、择吉避凶，选择适合人类生存的最佳环境，以达到阴阳调和、天人合一的目的。讲究风水业已成为中国传统建筑空间的一大特色。

上海文庙的堪舆选址和空间布局也没有离开风水二字。"风水之法"里的"风"指的是"生气噫而形成的风"，是"生气盈而外溢"或"聚齐不良而扩散"。所谓"藏风"并不是指屏蔽外来空气而流动的风，"因为这种风是遮蔽不了的"，真正意思是"使生气不噫"，防止生气向四面八方无节制扩散。所谓"得水"，因为水是生气所化而成，"有水就表明生气旺盛，没有水就表明生气薄弱"，"水源长、流量大是与生气的旺盛成正比的"。[①]按《葬书》一文的意思就是"气"忌风喜水，得水可以产生较旺的生气。简单地说，要想聚"气"，就应该背风邻水。

古人认为风水会影响一方文运，会左右学宫学子的学业和仕途，甚至直接影响当地生源的科举考试结果。而如果想要本地文运亨通，文人多入仕途，则要想办法改变。例如明朝时，山西大同就在东南城墙上面立了一座风水塔；明朝正德年间江西瑞州知府认为府学的风水不佳造成当地科举中第者少，在正对府学的南郊石鼓岭上建了一座十多层高的文笔

① 李定信:《堪舆类典籍研究》，上海古籍出版社2007年版，第200页。

塔，在府学东面建了一座进贤楼，以改善文庙的风水。[1]安徽歙县在山地建城（即徽州古城），为了祈求文运，在文庙以南的山上建文笔塔，而称此山为文笔峰。

上海在清朝中期以前，是一个河网密布、地势低洼的江南水乡，其县城内并无高山，那么，上海文庙空间是如何布局的？又如何采取风水补救措施？首先，择近水之地，取水乡活水。文庙"得水为上"，水"聚气"，凝聚文运。文庙中的泮池或直接借自然河湖之水，或开挖水渠引流而入。依据历代上海地图和县志等史料，上海文庙在清咸丰五年（1855年）以前位于方浜南岸，长生桥以东，益庆桥以西，引方浜之水，以通泮池。而咸丰五年（1855年）迁址重建后，文庙新址地处肇家浜南岸，西昌桥以南，穿心河以西，又引肇家浜之水，以成新泮池。上海文庙历史上一直是活水环绕，源头活水寓意学子不断获取新知。

南宋杰出的理学家、思想家、教育家朱熹在一首关于水塘的诗《观书有感》中写道："半亩方塘一鉴开，天光云影共徘徊。问渠那得清如许？为有源头活水来。"今天修复后的新上海文庙依然保留了天光云影池，池水的存在也为文庙增添了一丝灵动，碧波荡漾，景色宜人。

其次，建魁星阁以造高势。文庙风水在丘陵或山地可以借助地理环境而"借山"，但到了地势平坦的平原地区，又该如何遵从此原则呢？从当前留存的许多文庙建筑及其周边环境来看，人工建塔不失为一种表现古人风水智慧的形式。平坦无山的平原地区多以建塔来造势，如山西大同在东南城墙建风水塔。同治《上海县志》中的《雍正十年巡道王澄慧记略》记载，文庙"东南隅建魁星阁，六楹三层，高与殿埒。形家言，巽方高耸，最利文运"。文庙东南的魁星阁，有三层之高，高耸的形势符合传统的阴阳风水观念，有利于当地的文运。

再次，种树补基。种树是一种改善风水的方法，于是上海文庙种植了许多高大树木，如松、柏、香樟等。在文庙空旷的地带密植树木，改善空旷的景观，不仅可起到挡风聚气的功效，而且能维护小环境的局地气候。

总而言之，中国古代的风水理论是传统建筑空间布局的一门学问，上海文庙建筑群体现了包括风水学在内的古人处理人与自然环境关系的丰富经验和智慧。文庙所依照的传统风水理论既具有封建迷信的一面，也包含一定的合理性、科学性内容，今天应该科学地、全面地、辩证地、理性地对待我国传统风水文化。上海文庙在遵循风水基本原则的同时，也综合考虑文庙空间的水文、气候、风向、日照条件，文庙内建筑物和附属设施的布局、方位、势态同样经过深思熟虑，以呈现出最佳的视觉效果和最强的实用功能。

上
海
文
庙
生
态
：
自
然
人
文
之
貌

上海文庙的自然生态

在喧嚣的上海大都市，江南水乡的自然生态与钢铁水泥铸就的现代建筑之间不可避免地存在着激烈冲突。上海文庙这样的传统特色建筑蕴含扎实深厚的古典建筑文化，延续着贴近自然的面貌，生态环境和谐。

中国传统园林建筑讲究古典美学与和谐布局，如嘉定文庙就是以景色优美著称，万历《嘉定县志》中描绘道："学宫之前数十步，有野奴泾，东南趋于横沥，会合如襟，左右分流环抱。"[1]

上海文庙注重自然生态环境建设，力图创造优雅、美丽、舒心的生态景观。松柏树形优美，四季苍翠，是很多造园者的首选植物材料。据嘉庆《上海县志》载："苍松翠柏森然"[2]。松柏有古朴、独特的自然美，上海文庙中种植了大量的松柏。古松虬根盘结，古老遒劲，树皮粗糙，给人带来沉重的历史感。绿色是生命之色，松柏四季常青，苍翠挺拔，

① 朝浚修，张应武纂：万历《嘉定县志》。
② 王大同修，李林松等纂：嘉庆《上海县志》，清嘉庆十九年刻本。

赋予文庙自然、生机和宁静。同治《上海县志》又载:"沟道通池贯门,自肇家浜北出,方浜呼吸畅通。"水在中国传统建筑和园林文化里有独特的地位,上海文庙旧时通活水注入泮池,后开挖天光云影池,无论是泮池还是天光云影池,都是文庙的重要水景,是上海文庙自然生态中的生气与灵气所在,体现着古人的天人合一、自然和谐的生态观。

元朝延祐年间,在县丞王珪和上海官绅支持下,回迁旧址重建的上海文庙景象焕然一新,"亭台楼阁之胜,古松梧竹之奇,不仅为一邑学子肄修之地,兼可为胜游的场所了"[1]。明朝时期,文庙得到定期维护修缮,弘治《上海县志》描绘天顺年间的上海文庙景观:"泮宫之阳,泮水洋洋。冷涵云影,碧波天光。游鱼扢濯,芹藻芬芳","碧殿玲珑,庙貌尊崇。弦诵沨沨,文化昭融"。[2]

民国时期的上海文庙,经过20世纪30年代初的大修重建,景色宜人,对公众免费开放,被上海市民称为文庙公园。时人尼生称文庙公园是南市市民休闲的绝佳场所,在对比当时有条件限制且收费的租界公园后,他称:"说来说去,只有'文庙'最便,一天到晚闷在鸽子笼似得家里,就想走动走动,只有文庙公园里有着绿荫平铺的草地,一泓浅水的池塘。最精彩而为租界公园不及的。"[3]

上海文庙的社会人文生态

随着中国城市化、工业化的推进,社会生态问题日益凸显,并得到社会各界的高度关注。超越文庙建筑本体,从社会学视野和社会人文生态系统对上海文庙进行审视,对庙学的研究有重要启示意义。

[1] 尼生:《上海史话:文庙与文庙公园》,载《上海生活》1937年第1卷第6期。
[2] 郭经、唐锦编纂:弘治《上海志》卷5《建设志·学校》,明弘治十七年刊本。
[3] 尼生:《上海史话:文庙与文庙公园》,载《上海生活》1937年第1卷第6期。

社会生态是一种批判的视角，审视上海文庙的社会生态系统，需要结合上海城市发展、历史街区保护、老城厢弄堂文化、小区改造变迁，了解文庙所依托的社会基础，调查上海文庙当前所处的社会状况，寻找文庙延续变迁的社会动因和文化动因，进而在生态自觉意识的前提下，为上海文庙的保护提供建议和指导。

在不同的社会历史时期，上海文庙之于民众有不同的直观感受。上海文庙早已不仅仅是一个砖瓦石沙组合而成的建筑群，而是一种文化、政治、心理、教育的多义综合体，是民族、阶级、国家、意识形态等多种力量交汇的异质性场所。

超越物质实体，上海文庙是社会关系演变的舞台，也是历史事件展开的场所。晚清时期的上海文庙在镇压小刀会起义的过程中被毁，迁址老西门重建。沪上学者陆其国在《老上海迷人风情》一书中，带着些许感怀和惆怅这样介绍今天藏在老城厢里的上海文庙："不知是不是不愿再面对这片伤心地的缘故，总之，当同年上海官府和士绅考虑重建文庙时，他们的目光略过了这里，投向了县城西门内右营署的一处废址。后来就购置了那里的十七亩地，这就是目前文庙的所在地。"[1]

时过境迁，在今天交通便利的上海，如果乘坐地铁到上海南市文庙逛一逛，最近的地铁站是一个叫"老西门"的地方。从老西门地铁7号出口出来，沿着中华路步行十分钟左右，高耸的上海文庙的牌坊就出现在面前。2002年，上海文庙被定为上海市文物保护单位，2003年，《上海市中心城历史文化风貌保护区范围》划定黄浦区的人民路—中华路以内区域为"老城厢历史文化风貌区"。文庙所处的老城厢风貌区是上海中心城内整体性最好、规模最大的以上海传统地域文化

① 陆其国：《老上海迷人风情》，中国福利会出版社2004年版，第37页。

为风貌特色的一处历史文化风貌区。

老城厢街道交错密布，巷弄蜿蜒曲折，街巷景观多变，建筑类型众多，为典型的自然发展形成的城市格局。上海文庙周边既有中国传统特色的仿古式建筑、老民居和商业街市，也有近代中西合璧风格的各类建筑物。该区域留存有上海七百多年城市发展的历史痕迹，蕴藏着城市发展各个时期丰富的物质与非物质的历史遗存，集中体现了清末民初以来上海的城市生活文化。

上海文庙四周有一路三街，北为梦花街，南为文庙路，西为老道前街，东为学宫街。这一路三街将文庙团团围住，每条街道都带有浓郁的老上海特色。根据2003年上海市颁布的《上海市城市规划条例（2003年修正）》《上海市历史文化风貌区和优秀历史建筑保护条例》《上海市中心城历史文化风貌保护区范围》，政府将文庙周边的几条街道确定为"居住、商业、文化娱乐和旅游观光功能"，此后，文庙路、学宫街、梦花街、老道前街的整改都以强化"旅游服务功能，充实商业和文化娱乐功能"为导向，不断完善，成为"以上海传统地域文化为风貌特征的城市复合型历史中心地区"。

为了保护上海传统地域文化，整体延续城市的历史发展脉络，上海文庙周边的街道还保留着传统的居住生活形态。据说梦花街就与当时的科举考试直接相关，因上海县童子试都在文庙举行，县内年轻学子蜂拥而至，住在文庙后面，他们希望自己妙笔生花，将来考取功名，所以便将这条街命名为梦花街。老城厢人贾观军在散文中写道："我是从小生长在文庙后的梦花街，祖先几代都住在这里。文庙路的东面称学宫街，庙南是学前街（庙门向南），庙西是学西街，庙北即梦花楼（今称梦花街）。"梦花街原有的上海文庙书刊交易市

文庙路动漫一条街一隅

场，现已搬迁到静安区大宁路，成为上海书刊批发市场。今天的梦花街，在修复后更为整洁。

文庙路曾享有"动漫一条街""上海的秋叶原"的盛名。文庙路商店里出售各种动漫周边产品，深受青少年喜爱的漫画书、手办等都可以在这里买到，是"二次元"的乐园。

在新中国成立前，上海文庙附近一直是上海文化重地，附近学堂林立，有梅溪书院、蕊珠书院、爱群女中、龙门书院、清心男中、民立女中、明德女子学校、养正小学和万竹小学等。时至今日，文庙附近依然有许多学校，文庙路200号就是敬业中学。现代的书声琅琅环绕在古香古色的文庙殿宇间，架起了古典与现代间的桥梁。上海文庙附近老百姓们所居住的普育里也非常文雅，门口的两侧对联写着"四面学宫书声久绕蓬莱境，百年民宅联色常辉石库门"。

老城厢风貌区内有大境路（人民路—河南南路）、方浜中路西段（人民路—河南南路）、青莲街（大境路—昼锦路）等34条风貌保护街巷。由于梦花街、老道前街、文庙路和学宫街是风貌保护道路，沿线的房屋不得随意改建，只能保留、整治、修缮。漫步在文庙周边，能够体验老上海过去的生活气息。特别是老街上低矮、逼仄的旧居民区依然保留着20世纪"万国国旗"式的洗衣晾晒方式，五颜六色的衣服就晾晒在街道上方横亘的竹竿上，恍然间犹如时光静止在这里。

上海文庙在传承和反思的基础上嬗变，它与上海社会变迁和发展中的政治、文化、思想、教育、经济等要素相互依存，相互影响，共同作用，形成了上海文庙及其周边的社会现状，上海文庙的社会生态人文其实是一个具有历史性、社会性、系统性、有机性和可持续性的复合系统。

上海文庙的
祀制及礼仪

上海文庙祀典名目
上海文庙祀奉人物
上海文庙祀典程序

在封建社会时期，上海文庙延续着庙学合一的功用，既是上海县的最高学府，又是官方主导下的祭祀场所。文庙是传统社会的儒学圣域，也是文人骚客心目中的信仰圣地。民国以前，上海文庙礼仪和祭祀制度烦琐而严格，官员、士绅、学生、百姓通过参与或参观上海文庙的祭祀典礼而受到感染熏陶。五四运动后，上海文庙祀典崇尊不绝，祀制严格，礼仪隆重，一直延续到1927年大革命时期。

虽然上海文庙祭祀的场景已经成为远去的历史，但是借助近代的历史照片、旧报纸和回忆录，依稀可见文庙祭祀的内容和盛况。例如《春申旧闻》一书中，收录了辗转来到台湾地区的陈定山关于故乡上海的回忆录。土生土长的老上海人陈定山对老城厢里的文庙掌故烂熟于心，在《上海文庙谈往录》一文中他回忆道："大成文庙至圣先师正位南向，旁为四配、十二哲，东庑祀乡贤四十人、先贤三十九人，西庑祀先贤三十九人，先儒三十八人。民国十六年改文庙为民众教育馆……"[1]

① 陈定山:《春申旧闻》，世界文物出版社1979年版，第105—106页。

上海文庙

祀典名目

　　文庙的祀典分释奠、释菜以及行香等名目，其中释奠是文庙最隆重的祭祀活动。

　　释奠礼是古代文庙最主要的祭祀活动。何为释奠？《礼记·文王世子》载："凡学，春官释奠于其先师，秋、冬亦如之。凡始立学者，必释奠于先圣、先师。"《荀子·礼论》把"礼"最核心的内容归结为"天地""先祖""君师"三项："礼有三本：天地者，生之本也；先祖者，类之本也；君师者，治之本也……故礼上事天，下事地，尊先祖而隆君师，是礼之三本也。"释奠属于"三礼"中的"君师"之礼。

　　释奠礼的祭祀对象，是供奉在文庙的孔子、孔门弟子及历代有重大成就的儒门学者和圣贤。正位上，是先师孔子。四配位上，是复圣颜渊、宗圣曾子、述圣子思子、亚圣孟子。十二哲位上，是先贤闵子损、冉子雍、端木子赐、仲子由、卜子商、有子若、冉子耕、宰子予、冉子求、言子偃、颛孙子师、朱子熹。此外还有先贤先儒群体。

　　丁祭是释奠礼的主要形式，祭祀者以孔子后裔为主，主要形式是四大丁祭。春夏秋冬四季，每季三个月，分别称为孟月、仲月、季月。古代用干支纪日，每月不超过三十天，所以甲乙丙丁等天干一般会出现三次，祭孔在第一个丁日，称为上丁。四大丁祭，就是在四季仲月上丁日举行的祭祀。比如，根据《隋书》记载，"隋制，国子寺，每岁以四仲月上丁，释奠于先圣先师……州郡学则以春秋仲月释奠。"[1] 上海文庙作为地方文庙，释奠在每年春秋仲月丁日（即每年二月、八月的上丁日）举行。

释菜是文庙仅次于释奠的重要祭典，释菜也作"祭菜""释采""舍菜"，郑玄注道："祭菜，礼先圣先师，菜谓芹藻之属"。一般会用到芹菜、韭菜花、红枣和板栗，水芹代表青年学子，韭菜花代表才华，红枣代表早立志，栗子代表敬畏之心。

释菜礼最初于每年新生入学和春季开学之际举行，后来宋朝时规定国立学校在四孟月（每季的第一个月，即夏历正月、四月、七月、十月）进行释菜，明洪武十七年（1384年）规定每月朔、望之日举行，清顺治元年（1644年）规定月朔及进士释褐时举行。地方文庙除一月外都在每月初一举行释菜，因正月初一中央要接受百官朝贺，所以正月的释菜比较例外，在初二举行。依据相关文献资料可知，上海文庙每月初一举行释菜典礼。

① 《隋书·礼仪四》。

上海文庙
祀奉人物

魁星楼内孔子木雕像

大成殿内的孔子神龛

① 郭经、唐锦编纂：弘治《上海县志》卷4《祠祀志》，明弘治十七年刊本。

　　文庙中的祭祀人物多达一百多位，分主祀和配祀，其中主祀者为孔子，其他人物都是配享从祀，有四配、十二哲、历代大儒先贤以及孔子的先祖等，可分配享、配祀、从享和从祀四类。圣、哲、贤、儒以及乡贤名宦等是一个庞大的祭祀群体。

主祀：孔子

　　"县东百二十步旧为上海镇学文昌祠也，像宣圣于其中……大德六年，府通判张纪县丞范天祯作轩……及新圣像绘先贤于两庑。"①宋朝末年，上海镇学文昌祠中供奉的是孔子画像。元初，上海镇学增扩为上海县学，在扩建、重修文庙的过程中，大德六年（1302年），上海文庙新绘制了文昌宫的孔子圣像和两庑的先贤圣像。后世文庙修缮过程中，一直非常重视对孔子圣像的维护。现今上海文庙大成殿内的孔子塑像由整块香樟木雕刻而成，2004年，在大成殿的修缮过程中，重建了孔子神龛、须弥座，重塑了孔子金身。

"尼父"是孔子死后最先获得的官方敬称，鲁哀公以"尼父"称之。孔子死后，鲁哀公令其子孙"岁时奉祀"，以示尊崇与怀念之意。《史记·孔子世家》中记载："故所居堂，后世因庙，藏孔子衣冠、琴、车、书，至于汉代百余年不绝。"《孔氏祖庭广记》记载："鲁哀公十七年，立庙于旧宅，守陵庙百户即阙罩。"在孔子死后第二年，鲁哀公下令在曲阜阙里孔子的旧宅立庙，即今天曲阜孔庙的前身。孔子生前所住的三间房屋改成寿堂，将孔子生前使用的衣、冠、车、琴、书册等保存起来，并且按岁时祭祀。

"圣善周闻曰宣，施而不成为宣"，汉朝王莽以"宣"谥孔子，追谥孔子为"褒成宣尼公"。《逸周书》指出，"谥者，行之迹也；号者，功之表也"。谥号是能够达到听其谥而知其行的效果，宣字概括了孔子生前的功绩，为后世封号所承袭借鉴。唐承汉制，唐贞观十一年（637年），太宗诏尊孔子为"宣父"，玄宗于开元二十七年（739年）追谥孔子为"文宣王"。到了宋朝，宋真宗大中祥符元年（1008年），加谥孔子为"玄圣文宣王"。元武宗大德十一年（1307年），则加夫子号为"大成至圣文宣王"。

明朝嘉靖帝的御笔《正孔子祀典说》《正孔子祀典申记》指出，孔子虽有王者之道、王者之德、王者之功、王者之事，但关键在于其没有王者之位，是以称"王"不合时宜。嘉靖皇帝在特殊的时代背景下，对孔子的封号实行了一个转折性的变化——改"王"为"师"，封为"至圣先师"，"大成""文宣"亦一并撤去。明朝孔子封号的变化甚是巨大，而直到清初顺治年间封孔子为"大成至圣文宣先师"，"大成""文宣"尊号才得以重新使用。

清代毛奇龄在《西河文集》中对嘉靖帝的改制评议道：
"明代寡学，以嘉靖议礼之臣而妄改祀典，忽易之以至圣先
师之名。"对此人们也有不同看法，明朝儒生吴沉在《孔子封
王辩》中议论："王，君之号也。夫子，人臣也。生非王爵，
死而谥之，可乎哉？"沈德符对明世宗时期的孔庙改制评议
道："孔庙易像为主，易王为师，尚为有说。至改八佾为六、
笾豆尽减，盖上（世宗）素不乐师道与君并尊。"[1]

嘉靖改制一洗前朝对孔子追封谥号上所沾染的官僚气和
攀比风，"至圣先师"的称号让孔子回归师的角色，尊其为空
前绝后的圣贤之师，也只有孔子一人才可担当"至圣先师"
的封号。在古代教育场所中，对作为"万世师表""至圣先
师"身份的孔子进行祭祀供奉，比任何一个"帝"或"王"
都显得更为适宜。

配享：四配

《礼记·学记》中讲道："安其学而亲其师，乐其友而信
其道。"除了主祀先师孔子外，孔子的学生、先儒先贤等配
享、配祀、从享和从祀也是延续儒学道统的一种形式。

文庙从祀体系形成于东汉，金末元初学者郝经在《续后
汉书》中写道："初，汉世祠孔子无配享者，其后以七十二
弟子配，又其后特以颜子配，又以孔子所称颜子以下十人者
为十哲，庙貌坐配。后又升孟子与颜子左右并配，皆南向，
号称入室。升曾子以备十哲，东西向，号称升堂。七十子配
于东西序，后又以左丘明等二十二人配食七十子之列。"唐
朝从祀体系大规模发展，宋朝从祀体系趋向成熟，明清时期
继续扩充。根据元末明初学者王祎的《孔子庙庭从祀议》等

① [明] 沈德符著，黎欣点校：《万历野获编》卷14，文化艺术出版社1998年版，第360页。

史料，当时文庙的从祀人物为一百一十九人，包括四配、十哲、七十一弟子、三十四贤儒。清末从祀者增加到一百七十位，包括四配、十二哲、七十八位先贤、七十六位先儒；民国时期增至一百七十二位，数量甚多。[1]

先贤和先儒的配享与从祀，是文庙祭祀的重要内容，彰显着儒生的群体优越性和儒学正统的文化价值。古代儒学家梦寐以求的是死后能够进入文庙从祀的队伍，不同儒学门派的后学也积极推动其宗师进入文庙，为自己和其学派争得一份殊荣与权力，因此，文庙从祀的重要性是毋庸置疑的。

四配的封号为东配——复圣颜子，述圣子思子；西配——宗圣曾子，亚圣孟子，上海文庙中亦如此。[2]然而，四配依据昭穆制度、按配享地位高低排列，依次是颜子、曾子、子思子、孟子。四配位于上海文庙大成殿内孔子左右两侧，东西相对，颜回、孔伋在东，曾参、孟轲在西。四配的封号是明嘉靖九年（1530年），文庙改制后确定的。

配祀：十二哲

十哲的提法最早出现于唐开元八年（720年）国子司业李元瓘的奏折中："十哲弟子，虽复列像庙堂，不应享祀……其十哲请春秋释奠，列享在二十二贤之上。"唐玄宗时期，官方将十哲视为孔门三千弟子中的佼佼者。自唐以后，基本稳定为夫子南面而坐，十哲东西列侍。十哲后来有增补，成为十二哲，闵子损、冉子雍、端木子赐、仲子由、卜子商、有子若、冉子耕、宰子予、冉子求、言子偃、颛孙子师、朱子熹。同治《上海县志》中这样记载："东哲——先贤闵子损、冉子雍、端木子赐、仲子由、卜子商、有子若；西哲——先

① 王云五主编，王祎撰：《丛书集成初编2425 王忠文公集5》，商务印书馆1936年版，第100页。
② 应宝时修，俞樾等纂：同治《上海县志》卷9《学校》，清同治十一年刻本。

贤冉子耕、宰子予、冉子求、言子偃、颛孙子师、朱子熹。"
这便是上海文庙大成殿除孔子和四配外的十二哲。

从享：先贤先儒

上海文庙东西两庑原来是供奉先贤先儒的地方，现今已改作书画陈列之用。《史记·孔子世家》记载："孔子以诗书礼乐教，弟子盖三千焉，身通六艺者七十有二人。"宋咸淳三年（1267年），四配成型，与十哲供奉于殿堂之上，七十弟子与二十二贤长居于两庑。随着文庙从祀制度的日趋完善，跟随孔子从祀的先儒先贤数量日益庞大。清雍正皇帝认为："先儒从祀文庙，关系学术人心，典至重也。孔子有功万世，宜享万世之祀；诸儒有功孔子，宜从祀孔子之祀。"

《春申旧闻》中记载上海文庙"东庑祀乡贤四十人、先贤三十九人，西庑祀先贤三十九人，先儒三十八人"。董喜宁《孔庙祭祀研究》也评论位列从祀者应该是"有关名教，有关学术人心，必须是文与行兼、名与实副有功于圣门而无疵于公议的人。"由于东西两庑现在已被改作书画陈列馆，结合其他历史文献只能窥见昔日大体情景。文庙东西两庑供奉上海本地乡贤和先儒先贤，如公孙侨、林放、原宪、南宫适、商瞿、漆雕开、司马耕、梁鳣、冉孺、伯虔、冉季、漆雕徒父、漆雕哆、公西赤、任不齐、公良孺、公肩定、鄡单、罕父黑、荣旂、左人郢、郑国、原亢籍等；西庑供奉蘧瑗、澹台灭明、宓不齐、公冶长、公皙哀、高柴、樊须、商泽、巫马施、颜辛、曹恤、公孙龙、秦商、颜高、壤驷赤、石作蜀、公夏首、后处、奚容蒧、颜祖、句井疆、秦祖、县成等。

唐朝时期的陆贽才华横溢，学识俱佳，他十八岁登进士，中博学宏辞科，曾担任监察御史、翰林大学士、兵部侍郎，死后被追授兵部尚书。同治《上海县志》记载陆贽五十岁去世后，便被"宣祀乡贤"，后来清朝道光年间"从祀文庙"。[①]

追祀：圣人先祖

上海文庙大成殿的后面，是崇圣祠，里面供奉的是圣人的先祖。为了解决孔庙从祀序列中所出现的"子处父上，父处子下"的失序问题，孔子之父叔梁纥于宋大中祥符元年（1008年）被追封为"齐国公"，元文宗至顺二年（1331年），封为"启圣王"，嘉靖九年（1530年）又封"启圣公"。清雍正元年（1723年）孔子五世祖入祀文庙，皆成为追祀对象，又将孔子父亲的尊号改"公"为"王"，封为"启圣王"，并以颜回之父颜无繇、曾参之父曾点、孔伋之父孔鲤、孟轲之父孟孙激配享，程颢、程颐之父程向、朱熹之父朱松、蔡沈之父蔡元定从祀，一并被供奉在崇圣祠。

增祀：忠义孝悌

上海地区历史上涌现出过无数忠肝义胆的英雄豪杰和品行端正的贤良方正，历代上海百姓对他们都抱有崇敬之心，尤其是出生在本乡或在迁到上海后留下美名的先贤名宦。为怀念这些忠义之士和先烈先贤，歌颂他们的品行业绩，以增祀的形式将其列入上海文庙祭祀体系中。

上海文庙建有乡贤祠、名宦祠、忠义祠、节孝祠，用以

① 应宝时修，俞樾等纂：同治《上海县志》卷18《人物一》，清同治十一年刻本。

增祀、褒扬上海地区所涌现出来的品德优良、有突出事迹的地方人物。例如，同治《上海县志·学校·名宦祠》中记载名宦祠人物之一夏原吉。夏原吉，明朝初年的重臣，受明太祖朱元璋、明成祖朱棣重用，永乐年间主持治水，疏通吴淞江的支流黄浦，使得黄浦江成为长江的入海口。同治《上海县志·学校·忠义节孝祠》中记载了许多在明末清初以身殉节之烈士，如"明殉节布衣王守信""孙士美一门殉节十三人""本学教谕许百瑜、郡诸生王匡、邑诸生李之檀"，他们抱着心向大明、不仕清朝的信念牺牲了宝贵的生命，在当时的道德评判标准中成为值得称颂的典范，而为上海文庙所增祭祀。民国《上海县志·文庙祀》中记有一则关于忠义祠中增祀人物阿尔泰的记录："忠义孝悌祠增祀者——因公罹难至死赐恤阿尔泰财政局长，五等嘉禾章、六等文虎章"①。阿尔泰曾担任民国时期上海财政局局长之职，因公罹难，在任上去世。北洋政府时期曾颁布《陆海军勋章令》，设置文虎勋章、嘉禾勋章等奖章，各又分一级到九级，分别授予有功劳于社会或有功绩于事业者，作为一种奖励、荣誉、奖赏和标识的荣誉勋章。"五等嘉禾章""六等文虎章"是当时的北洋政府颁给阿尔泰的勋章。

并非只有文官武将才是增祀对象，1918年，"贤良方正李邦黻"增祀，1923年，"邑详优行附生姚明爔"增祀。民国《上海县志·祀典·唐尊玮记》对增祀惯例申明："有功德于民则祀之，古已风征，人往流连而感念不忘……若谓沧桑巨变、时势浮薄……祀以为例，岂不大可乎！"②忠义孝悌的增祀，对于移风化俗、教化民众有着非同寻常的意义。

① 吴馨等修，姚文等纂：民国《上海县志》卷8《祀典》，民国二十四年铅印本。
② 吴馨等修，姚文等纂：民国《上海县志》卷8《祀典》，民国二十四年铅印本。

　　一般来说，上海文庙祭祀的准备活动在祀典前提早进行。通向上海文庙的大街都要用黄土铺路，清水洒街。在大成殿孔子塑像前，摆上各种祭器和牺牲、香烛、果品等，其他殿庑也都摆上贡品。所有参加人员提前斋戒两天，主祭官与分献官须斋戒沐浴。典礼的前三天，有专门的礼生仔细查点礼器，损缺的马上修补，差役把黄布亭子、送香帛和祝版等抬到大成殿。次日，即典礼的前两天，差役把用于祭祀的粢盛——黍、果、菜、鱼、盐、酒抬到神厨，典礼的前一天，差役把大成殿前后的高罩灯摆好，并把祭器摆到各祭桌上。子夜午时，主祭官与分献官以及参加祭祀的工作人员要穿上祭孔礼服，庄严肃穆，不许嬉笑，把灯点燃，释奠礼开始。

　　地方文庙相当重视祭孔典礼，文庙祀典包含礼、乐、歌、舞等多个环节，文庙的祭祀程序非常严格，迎神—奠帛—奉俎—初献—亚献—终献—送神—撤馔—望瘗。文庙祭器陈设有严格的规章，唐代李椅在《福州都督府新学碑铭》

中记载："每岁二月上丁,习舞释菜。先三日,公斋戒肄礼,命博士率胄子修祝嘏,陈祭典。释菜之日,美器用币,笾豆在堂,樽罍在阼,公元端赤舄,正词陈信……八月上丁如初礼。"文庙在祀典之时耗资靡费,清光绪《乡宁县志》记载:"十五日元宵,各庙俱张灯火,学宫、魁楼尤盛,面山自文笔峰至昭远寺约里许。于前数日聚儒童用废碗底栽干糊灯。至期就山之形势,或摆物形或列楼阁或集文字,傍晚然之,光烛城闉可及",文庙祭祀灯火通明。清代兴城文庙每年仲春和仲秋上旬丁日两次大祭。祭日前的午夜,参祭人员早早地便集于孔庙门前,"万籁俱寂,地灯耸立,殿内外烛影摇曳,香烟缭绕,气氛庄严肃穆。晨三时许,祭祀仪式开始,于是钟鼓齐鸣。奏乐迎神、跳八佾舞,跪拜、送神,繁礼缛节,直至拂晓时刻。"最后将祭孔典礼所用的三牲切割成若干块,分送主祭和陪祭。

　　1893年,《申报》刊载了一篇详细描绘上海春丁祭典的文章《丁祭之盛》,从中可以感受到文庙祭祀典礼的情形:"昨日为文庙丁祭之期,届时关道宪聂仲芳观察,率同海防刘乙笙司马、上海县黄爱棠大令、学师宣琴山广文、水利厅林少尹、东厅吕二尹、捕厅蔡少尉、提右营廖楚材参戎、城守营程厚庵守戎等,以及佾舞诸生,莫不整肃衣冠,恪恭将事。于五鼓时恭诣西门内大成殿,随班行礼,次及两庑先贤前。陈太牢之供,举释菜之典。时则鼎彝悉备,管龠具陈。舞则按部就班,乐则和声依咏。旁观干甚形拥挤,莫不叹为观止。历二点钟之久,然后由读祝者宣读祝文,礼始告成。各官咸入侧室小憩片时,随分道鸣驺而返,时则旭日一轮已照遍大千世界矣。"①

　　上海文庙丁祭时,上海最高地方长官与主要文武官员均

---

① 佚名:《丁祭之盛》,载《申报(上海版)》1893年3月17日。

上海文庙大成殿前的香火（图片来源：图虫创意）

应参与，在天尚未明的五更时就已经开始典礼。丁祭参与者非常多，不仅地方官绅，普通民众也可以进入，以至于造成"旁观干甚形拥挤"。普通民众可赴文庙观礼但是必须注意着装，《申报》专门刊登了相关说明："间有小民前往观礼，皆须着长衣，垂手屏息，鹄立两旁。棂星门外有保甲亲兵数人，禁阻闲人，凡衣短后衣及窄袖盘辫者，皆不得其门而入。"①

一般来说，传统的文庙祭孔需要在大成殿内置祭台，祭台上放太牢（猪、牛、羊），祭台前放供案、供桌。供案上竖祝牌一块，上面书写歌颂孔子功德的祝文。供桌上放各种礼器：爵、尊、登、铏、簠、簋、笾、俎、豆、筐等。大典须配合音乐和舞蹈，用六佾或八佾的乐舞，演奏金声玉振，古朴悠扬的韶乐，吟唱孔子德侔天地、道贯古今的颂词。祭孔礼仪分为：迎神、初献、亚献、终献、撤撰、送神等主要环节。

祀典第一项是迎神，请出孔子及四配的牌位，由主祭人

<hr>

① 佚名：《二分月色》，载《申报（上海版）》1897年3月18日。

（地方最高行政长官）进香，行三拜九叩礼，乐奏昭平之章；初献、亚献、终献是整个祀典的高潮部分，由主祭和陪祭分三次把酒类、蔬菜、肉类、干鲜果品等祭品奉祀到孔子像前，"三献"分别奏宣平、秩平、叙平之章曲，用六佾舞。同时站台的文舞、武舞生分作两班，每班又分两组，每组八人，相对而立。武生在前，右手执戚，左手执干；文生居后，右手执羽，左手执籥，在八音齐备的乐器伴奏中，舞生跳起祭孔乐舞。撤撰、送神是祀典的收尾部分，在音乐声中案桌上的祭品包括笾、豆都有条不紊地撤退，礼毕祭祀人员有序退出。

文庙祭祀礼仪随时代的变迁不断变化，民国政府曾下令将祭孔程序和礼仪做较大变动，献爵改为献花圈，古典祭服改为长袍马褂，跪拜改为鞠躬礼。20世纪90年代以后全国对各地文庙修复，文庙祭孔大典在各地方文庙复兴，亦对旧的文庙祀典程序和礼仪进行了改良。

祭祀孔子，意味着尊师重道。每学年开学之初，上海文庙在孔诞日为大中小学生群体举行的"学祭"，已是改良后的现代式典礼。2014年，上海文庙举行祭孔典礼，9月28日上午9时，浑厚的大成钟声敲响，大成殿前的广场上，敬业中学几十位学生身着汉服，踩着悠扬的古乐，左手执籥，右手执羽，跳起新编《孔子乐舞》。改编后的《孔子乐舞》合乎现代精神，将儒家内涵透过仪式中诗、礼、乐的方式得以呈现，以此展现中华礼乐之美，更符合现代人的观赏需要和审美取向。

近些年来，在复兴优秀传统文化的呼声中，各地文庙多在每年9月28日举办祭孔大典，得到了当地教育部门、社区

上海文庙祭孔大典（图片来源：上海文庙官网）

等的普遍支持。2020年9月28日，"纪念孔子诞辰2571周年"
上海文庙孔子文化周系列活动"同一轮明月　同一个祝福"
在上海文庙拉开帷幕，并邀请市民观摩上午的祭祀仪式。此
次孔子文化周系列活动持续两周，贯穿国庆假期，同时以上
海文庙为起点，进行了一场题为"儒学的传承：徐光启的故
事"的线上讲座。

教育是地方的重大事务，弘治《上海志》记载"夫学校以造士也"①。学校是造士之场所，上海文庙作为庙学教育的实施场所和地方教育教学事业的重要载体，承担了育才、选材的重要任务，涌现出许多杰出的教师和学生。明清时期，上海文庙的教育教学呈现出严重的科举化倾向。明末清初，上海县塾师叶梦珠在其笔记《阅世编》中，记载了其所亲身经历的科考，涉及上海县的县试、松江府的府试等，是研究上海文庙庙学教育的重要史料。

① 郭经、唐锦编纂：弘治《上海志·上海县志序》，明弘治十七年刊本。

庙学教育科举化

自古以来，培育人才都是一个地方的大事，育才与教育发展非一蹴而就。春秋时代上海归属吴、越两国，地处边远东南，社会风气崇尚武力，康熙《上海县志》中提到："民间男子多好游闲，不事生业，其女子独勤苦织。"[①]由于时代和地理环境的关系，这里原是一片偏远的海隅，文化并不发达，教育事业落后。后永嘉之乱，晋室南迁，北方士族才将崇文之风带到江南，靖康之变后，宋人南渡将尚文传统进一步植入江南。加之科举考试在南宋以后的进一步发展，上海地区社会风气逐渐转变，"自至元二十九年创建县治，历明孝宗朝风俗为之一变"[②]。朝为田舍郎，暮登天子堂——科举取士让许多上海文庙走出的人才一举成名，向世人彰显出科举的巨大吸引力，引导大量有志之士乐学、向学，到了明朝时期，上海地区已经是文化昌明之乡。

古代庙学教育以养士为中心。弘治《上海志》有文："若夫学校以造士也，公署以听断也，津梁堰埭以通利也，楼台亭榭以观游也，亦不可废。"[③]上海文庙是上海县的文化中

① 史彩修，叶映榴等纂：康熙《上海县志》序言《鲁序三》，清康熙二十二年刻本。
② 史彩修，叶映榴等纂：康熙《上海县志》序言《史序二》，清康熙二十二年刻本。
③ 郭经、唐锦编纂：弘治《上海志·上海县志序》，明弘治十七年刊本。

上海文庙内挂满祈福条的植被（图片来源：图虫创意）

心、教育中心和最高学府，文庙学宫中的教谕和训导担负着上海文庙教育教学和人才培养的重任。作为上海地区不可或缺的教育场所，上海文庙无疑承担着教育教学和人才培养的任务。

科举与庙学关系密切，"明清两代为了协调科举与学校的关系，将科举考试与学校教育整合为一条龙，使学校科举化，科举学校化，两者浑然一体，难解难分。"①明清时期的上海文庙把学校、科举、生员、儒学联系在一起，以科举取士为目标导向，庙学教育在整个教育教学过程中扮演了非常重要的角色，培养了一大批人才。

科举考试制度的成熟促进了上海县学文庙的发展，带动了上海县教育风气的养成。儒生们希望通过科举考试走上仕途，明中后期"科举必由学校"的制度使各地庙学教育进一步呈现"学校科举化"和"科举学校化"的共同特征。这一时期，上海文庙进一步成为科举的准备场所。

① 刘海峰：《多学科视野中的科举制》，载《厦门大学学报（哲学社会科学报）》2002年第6期。

明朝科举考试制度日益成熟，科举考试分为乡试、会试、殿试三级，但正式考试前，还须参加科考的资格考试童子试。

乡试是由南、北直隶和各布政使司举行的地方考试。地点在两京府与十三布政使司的省会。每三年一次，逢子、午、卯、酉年举行，又叫乡闱。考试的试场称为贡院。考期在秋季八月，故又称秋闱。凡两直隶和各省科举生员与监生均可应考。主持乡试的有主考、同考、提调的官员。考试分三场，每场考试均为一天，分别于八月九日、十二日和十五日进行。乡试考中的称举人，俗称孝廉，第一名称解元。举人不仅可以参加会试，就算会试考不过，也具备了做官的资格，可以充当政府的中下级官员。康熙《上海县志》记载徐光启中"解元"，即乡试第一。乡试之后，于八月末九月初放榜。放榜之时，正值桂花飘香，故又称桂榜。放榜次日，举行鹿鸣宴。席间拜谢考官与其他相关官员，大奏乐舞，师生同庆。

会试是由礼部主持、新旧举人参加的全国考试，又称礼闱。于乡试的第二年即逢辰、戌、丑、未年举行。全国举人在京师考试，考期在春季二月，故称春闱。赴京赶考的举人称贡士，会试也分三场考，分别在二月初九、十二、十五日举行。由于会试是较高一级的考试，所以考官的人数比乡试大为增加。主考、同考以及提调等官，都由较高级的官员担任。主考官称总裁，又称座主或座师。会试第一名称会元。

殿试是由皇帝亲自主持的考试，在会试后的当年举行，洪武十七年（1384年）确定规制，每次会试之后的三月初一为殿试日期。应试者为会试通过者。贡士在殿试中均不落榜，只是由皇帝重新安排名次。殿试由皇帝亲自主持，只考时务策一道。殿试毕，次日读卷，由读卷官为皇帝进读试卷，又次日放榜。录取分三甲：一甲三名，赐进士及第，第一名称状元、鼎元，二名榜眼，三名探花，合称三鼎甲。二甲赐进士出身，三甲赐同进士出身。二、三甲第一名皆称传胪。一、二、三甲通称进士。进士榜称甲榜，或称甲科。进士榜用黄纸书写，故叫黄甲，也称金榜，中进士称金榜题名。乡试第一名叫解元，会试第一名叫会元，加上殿试一甲第一名的状元，合称三元。

庙学发展和学校、科举一体化符合当时历史发展的要求，有利于封建政权的巩固和稳定，人才选拔任用之权完全控制在中央政府手里，有利于中央集权的强化。上海地区科举发展客观上促进了上海地区教育水平不断提升。

"朝为田舍郎，暮登天子堂"，上海地区许多的儒学生员借由科举考试完成了身份晋级，其中一部分人获得了进士身份，走上仕途，成为国家高级官员。据《上海县籍进士名录》碑文所记，自1294年上海县学文庙建立至1905年清末科举停办，七百余年间通过科举考试的上海县籍进士有二百七十九人。譬如明朝洪武年间大学士全思诚，就是上海县教育成就的代表。

上海文庙学生

古代文庙是一个地方的高等学府，而入上海文庙黉门之难，今人很难体会和理解，其程序复杂烦琐，必须通过县试、府试和院试，成为秀才，才能入上海文庙黉门。

上海县学文庙的学生人数在不同历史时期变化很大，入泮新生时多时少。明末清初，上海县人叶梦珠曾做过塾师，并勤于书记，笔记《阅世编》中记载崇祯年间上海县学每年入学人数多达七十人，县学廪、增、附生共计六百五十余人，可谓"文教极隆"。"上海一学，除乡贤奉祠生及告老衣巾生而外，见列岁科红案者（注：即通过院试者由学政发放录取通知书），廪、增、附生，共约六百五十余名，以一府五学计之，大概三千有余，比昔三年两试，科入新生每县六十余名，岁入稍增至七十。其间稍有盈缩，学臣得以便宜从事。是以少年子弟，援笔成文者，立登庠序。一时家弦户诵，县试童子不下二三千人，彬彬乎文教称极隆焉。"[①]清初顺治年间，各地官学生员人数下降，叶梦珠记载："至三年丙戌，始裁定入泮额，大县不过四十名，中三十名，小

① [清] 叶梦珠撰，来新夏点校：《阅世编》，上海古籍出版社1981年版，第26页。

二十名。""松郡俱为大县，县学四十名，县又取二十名拔入府学，则犹有六十名，去旧额不远也。"[1]由此可以看出晚明和清初顺治年间上海县学文庙入泮者基本保持在录取六七十人。然而到了清初康熙年间，上海文庙入泮人数急剧骤减，甚至曾经几度中断。"江南自壬寅入学之后，直至康熙六年丁未，方复童试，入泮之难至此极矣。""裁定科、岁入泮，大县不过四名，中县三名，小县两名，几于停试矣。"[2]可见，康熙初年，上海文庙入泮难之至极，上海文庙虽身处大县，也只能一次录取四名生员。

学生入学要求

上海文庙录取生员，是有基本的年龄要求和身份规定的："工商杂类，或尝为僧道，皆不得预"[3]。对学生的家庭出身、社会身份、籍贯做了一些限制，父母不得是工商杂类或僧道，不得有严重犯罪记录，而且非上海本籍童生不得入学。

上海文庙生员年龄一般大于八岁，后来随着入学人数的不断增多，生员的入学年龄不断放宽。上海文庙作为科举考试的预备机构，招生时间受到科举考试时间的牵制，招生需要为科举考试让出时间。

上海文庙中的学生，无论是廪膳生、增广生还是附学生，都有一个耳熟能详的名字——秀才，而在进入上海文庙之前，他们的身份都是童生。

明清时期，对未经录取入府、州、县学读书的读书人，无论老幼皆称童生，别称文童或儒童。入府、州、县学后则称生员。按照当时的科举制度，凡是习举业的读书人，不管年龄大小，在家塾、私塾还是书院读书，未考取生员（秀

① [清] 叶梦珠撰，来新夏点校：《阅世编》，上海古籍出版社1981年版，第26页。
② [清] 叶梦珠撰，来新夏点校：《阅世编》，上海古籍出版社1981年版，第27页。
③ 乔卫平：《中国教育制度通史第3卷 宋辽金元（公元960—1368年）》，山东教育出版社2000年版，第212页。

上海文庙棂星门与石狮
（图片来源：图虫创意）

才）资格之前，都称为童生或儒童。明初对童生入学没有严格的考试，而是由地方守令"躬亲相视，人才俊秀，容貌整齐"，已经年满十五岁，且已经熟读《论语》《孟子》《大学》《中庸》四书者，皆可入学。明英宗正统年间，设立了童生入学考试制度，也是入泮到县学的考试。

童生要想进入上海文庙必须通过县试、府试和道试三级入学考试。

其一，县试，由上海文庙教谕或上海县知县主持，参加县试的考生要到本县礼房报名，填写报名表，写明籍贯、姓名、年龄，防止冒籍和冒名顶替；同时需要找四个一起准备参加考试的考生，五个人相互联名担保，签字、画押；还需找一名已在上海文庙就读的廪膳生作担保人，出具担保书方可参加县试。考前需验明身份，保证考生身家清白，祖上没有犯罪服刑者，不是倡优奴仆等"贱民"的后代，同时排除为父母服丧守孝的。县试进考场时，凭考卷上盖的戳对号入座，单人单间。考试内容相对简单，县试以八股文为主，以贴诗、经论、律赋为辅，无论白发苍苍的老学生还是十一二岁的少年，只要识文断字，手续齐全，皆可参加县试，县试通过者才可参加府试。

其二，府试。前一轮县试并不难，难的是第二轮府试。县试通过者去上海县的上级行政单位松江府进行府试。府试一般由知府主持，联名担保人要再多找一个，内容和流程与县试相近。通过县、府考试的童生，可继续参加道试。据叶梦珠《阅世编》中记载，上海文庙每年入泮六七十人，第一关县试很多人都能通过，但是府试这一关要淘汰绝大部分考生，通过者只剩百余名，进入第三关。

其三，道试由各按察司提学官（或称提学道、督学等）

主持，故名道试。明朝的道试每三年举行两次考试。道试难度很大，有些读书人通过县试、府试得到童生的身份，可过不了道试，到了白发苍苍之时仍是童生。

道试通过者俗称秀才，属于士大夫阶层，有免除徭役、赋税，见县官不跪、不能被随便用刑等特权。秀才被分往府、州、县学习，享受国家的津贴和免丁役等照顾，如廪膳生可享受朝廷给的每月六斗米[1]的生活补贴。

据相关文献记载，每逢县试，想要进入上海文庙的上海学子多达几千人。清初松江人叶梦珠在《阅世编》记载前朝末年他曾参加上海县考试的盛况，崇祯七年（1634年），参加上海县童生考试的考生有两三千人。在考试之前，上海县提前搭起蓬厂，桌椅板凳按号排列，并用竹木将其固定，使之不能移动。蓬厂四周用栅门围起来，安排差役把守，其他通道围起，只留一条通道和入口，考试之前不得提前开放。童生来到之后，先在广场集合，点名发卷。卷上编好座号，考生按座号入座。考号不同，考生的考试题目也不同，题目暗藏于卷纸之后，待考场封了以后才告之考试题目之所在。[2]

封建社会人口流动不频繁，读书人的户籍一般固着在土地上，参加科举考试要严查其户籍、年龄、身份，以防止冒籍。在上海文庙准备科举考试的学生无论是廪膳生、增广生、附学生，统称生员，他们在学籍隶属关系上归属上海县。洪武十七年（1384年）颁行《科举成式》，规定府、州、县的学生参加科举需要有人保举。"国子学生、府、州、县学生员之学成者、儒士之未仕者、官之未入流而无钱粮等项黏带者，皆由有司保举性资敦厚、文行可称者，各具年甲、籍贯、三代、本经，县、州申府，府申布政司乡试。其学官及罢闲官吏、倡优之家、隶卒之徒与居父母之丧者，并不许应

① 万朝林：《明朝文化》，南京出版社2000年版，第52页。
② 谢青、汤德用主编：《中国考试制度史》，黄山书社1995年版，第414—415页。

试。"①

从《科举成式》等科举相关文献看，参加科举考试的应试者主要是生员、儒士。儒士指学校出身之外，同时没有如吏典、军、匠、医士、医生、天文生等其他身份特征的研习儒家经典的读书人的泛称，儒士自明初即可应科举。生员是参加科举考生中的大多数，他们人数日众。明中后期，学校科举一体化趋势加强，各府、州、县学中的生员选拔出来为贡生，可以直接进入国子监成为监生。

学生类别及待遇

明清时期科举生员名目繁多，以学校分，除了国子监的监生、府、州、县儒学里的生员外，还有卫学、运司学、武学、宗学、三氏学、都司学、宣慰司学、宣抚司学等学校里的生员。若按类别划分，有监生、廪膳生、增广生、附学生、官生、民生、军生、武生、宗生等。上海文庙中有学籍的学生可以分为廪膳生、增广生、附学生、岁贡生、拔贡生、武生。明初府州县所立儒学，生员皆有名额。设学之初，在京府学生员六十人，在外府学四十人，州学三十人，县学二十人。洪武二十年（1387年），明廷令增广生员，不拘额数，确立增广生。至宣德三年（1428年），定增广生与廪膳生之额等，"在京府学六十人，在外府学四十人，州学三十人，县学二十人"；廪膳生、增广生皆定额之后，有的地方读书者多，生员名额不够，于是"聪明之士不得与者入学寄名，以俟补增广之缺"。②正统十二年（1447年），入学寄名得到了明廷的认可，当年奏准"生员常额之外，军民子弟愿入学者，提调教官考选俊秀，待补增广名缺，一体考送应试"③。

① 申时行等：《大明会典》卷77《贡举》，见《续修四库全书》第790册，第404—405页。
② 孙继宗等：《明英宗实录》卷151，明正统十二年三月癸酉，上海书店出版社1982年版，第2959页。
③ 申时行等：《大明会典》卷78《学校》，见《续修四库全书》第790册，第410页。

廪膳生是地方学宫正式的、有学籍的学生，廪膳生可获官府廪米津贴，他们是成绩第一等的秀才。随着明朝中央政府科举取士力度的加大，上海县的地方官学迅速发展，在明初二十名廪膳生之外，上海文庙多增食廪者二十人，称增广生。再后来上海文庙出现额外增取的生员，附于诸生之末，谓之附学生员，即附学生。增广生、附学生也可以参加科举应试。增广生和附学生的身份并非固定不变，《明史·选举志一》规定："先以六等试诸生优劣，谓之岁考，一等前列者，视廪膳生有缺，依次充补，其次补增广生。"《清史稿·选举志一》亦记载："生员色目，曰廪膳生、增广生、附生。"附学生，其岁等第高者可补为增生、廪生。廪生中食廪年深者可充岁贡。通过岁贡，上海学宫的优秀生员可以作为贡生，贡至京师国子监。明初曾在南京、北京、中都（凤阳府）三处设立国子监，后中都国子监取消，南京、北京国子监延续下来。上海文庙岁贡的贡生要通过翰林院的考试方能入监，成为监生，否则黜罚。监生来源虽广泛，但在科举录中称谓较单一，乡、会试录中称监生，登科录中称国子生。明嘉靖以后，选为贡生但尚未入监者亦可参加乡试，至于贡生或于当地科举，或在京师科举，除了时间因素外，还可能由于各地乡试竞争激烈程度不同，士子避难就易。①

　　明朝的廪膳生、增广生、附学生、岁贡生、拔贡生等在学习期间享受的待遇因其身份的不同而有一定的差异。廪膳生享有国家提供的津贴，增广生与附学生则没有；廪膳生与增广生不仅本人享受免除差徭的待遇，其家庭还可以免除两个男丁的差徭，而附学生则没有这些待遇。清朝在顺治时期即仿明代之制，继续给地方生员廪膳和免丁粮的优待。

　　上海文庙在籍的廪生、增生、附生等生源有备案，可以

① 吴恩荣：《明代科举士子备考研究》，东北师范大学硕士学位论文，2011年，第46—50页。

接受官府提供的膏火银用作生活津贴补助。据史书记载，明末清初和清后期每次入泮人数相对较多，而康熙时期每次入泮人数仅几人而已。清顺治三年（1646年）规定，松江府所辖各县每年录取秀才六十名，其中四十名留县，二十名拔入松江府学。顺治十六年（1659年），裁减为每年二十名，其中五名拔入松江学府。①同治《上海县志》中记录了在籍生员的情况：廪膳生十二人，增广生十二人，附学生按照康熙二十八年（1689年）的规定，小学取十二人，中学取十六名，大学取二十人，府学取二十五人。后屡次扩名额。岁贡生每四年一名，拔贡生每十二年与南汇县并考选拔一名。武生，每次岁试取九名。②

学生在学行为要求

上海文庙的生员在享受国家保障的同时，必须遵纪守法，恪守戒律。清朝对文庙生员的管理重点在于防范生员包揽词讼，滋生事端。《大清律例集要新编》中明确规定："生员串通窃盗、窝顿牛马、代作词状、阴为讼师、诱人卖妻、作媒图利者，教官失察，降二级调用，其犯奸、酗酒、斗殴致成人命者降一级调用，无关人命者降一级留用。"③上海文庙的学官必须对学生严加管理，否则也要受到牵连。

文庙学子"进足以臣吾君，而泽吾民，退足以化其乡，而善其俗"④。各地文庙成为人才培养的主要阵地，上海文庙也为国家输送了一定数量的人才。

① 许国兴、祖建平主编：《老城厢——上海城市之根》，同济大学出版社2011年版，第16页。
② 应宝时修，俞樾等纂：同治《上海县志》卷9《学校》，清同治十一年刻本。
③ 姚润辑，胡璋增辑：《大清律例集要新编》卷5《吏律职制》，清光绪十八年刻本。
④ 吴新颖：《儒学与中国传统文化》，中央民族大学出版社2012年版，第250页。

　　文庙教师在中国古代传统社会是主要从事文化教育活动、兼有教师与官吏双重身份的一类特殊的专业群体，在国家政治、文化及社会生活中扮演重要角色，主要由各府、州、县的学宫中的教授、学正、教谕及训导组成，也涉及宣慰司儒学、安抚司儒学及卫所学等其他官学。教授、学正、教谕的职责则是协助执行学务，称为教官或学官，其任务有三：一是负责文庙春秋两季祭祀；二是宣讲儒家经典和皇帝的训示与教诲，并考核、管理所属生员；三是掌握学田经费。[①]

学官任用

　　教谕、训导是国家在县一级行政区下派的国家官员，是学官。教谕负责教育学生，训导则是教谕的助手，此外还有嘱托、讲书、说书，是为满足教学需要而另外聘请的教员。康熙《上海县志》中记载："明设知县一员，县丞一员，主簿一员（掌水利），典史一员（掌督捕），儒学教谕一员，训导

① 张学强：《教学内外——明清地方儒学教师功能辨析》，载《河北师范大学学报（教育科学版）》2008年第7期。

一员。"

教谕，原意为教导、训诫。《大戴礼记》中有文："天下之命悬于天子，天子之善在于早谕教与选左右。心未疑而先教谕，则化易成也。夫开于道术，知义理之指，则教之功也。"[1]教谕成为一种文教官职始于宋朝，后世不断进行调整改革。上海县教谕是上海文庙的文教长官，肩负统率上海县教育事业的重任。此外，依据常规惯例，才学卓著、表现突出的教谕也会得到职内、职外升转，或可升职为州学学正、府学教授，或可升转为知县、县丞等。上海文庙教谕和训导是教育教学工作的主要承担者，对学生进行礼、乐、射、艺、书等方面的训导培养，组织课堂教学，主持学生考试，执行学校规定，监督和记录管理学生学业、品行。

明清是地方官学教育体系完善时期，明朝洪武二年（1369年），朝廷下令"府设教授，州设学正，县设教谕"[2]。《明史·职官志四》记载："府，教授一人，训导四人。州，学正一人，训导三人。县，教谕一人，训导二人。教授、学正、教谕，掌教诲所属生员，训导佐之。"[3]清朝各地儒学，府学设教授及训导各一名，州学设学正及训导各一名，县学设教谕及训导各一名。康熙三年（1664年），府、州及大县省去训导，小县省去教谕，至康熙十五年（1676年）复置，此后教职便有正教官与复设教官之分。[4]

上海文庙教师的来源主要有五种途径：一是被推荐、举荐而来的有学问有声望的大儒，由荐举而得的学校教官，多系良材，颇负盛誉；二是科举出身的举人、副榜举人等；三是官办学校出身的监生、岁贡；四是少数特殊情况，即通过捐纳的方式得以升迁或复职，但是除捐纳钱银有要求外，对捐纳人员文化素质也有一定要求；五是科举出身的各类官员

①《大戴礼记·保傅·第四十八》。
②《明史·选举一》。
③《明史·职官志四》。
④ 张学强、郭文博：《明清地方儒学教师考核制度论略》，载《西北师大学报（社会科学版）》2009年第6期。

改任教职。通过举荐、科举、学校、捐纳和官员改任五种途径而来的教师，充实了上海文庙的师资队伍，为上海地区文教事业的发展奠定了良好的基础。

学者张学强将文庙教师称为儒师，他认为："明清地方儒学教师主体为府、州、县的教授、学正、教谕及训导，也包括宣慰司儒学、安抚司儒学及卫所学等其他一些类型儒学的教师，数量时常保持在数千人左右。在全国人口中所占比例虽小，但由于这一群体文化素质较高，多由科举中第者及优秀儒学生员出身者担任，承担培养各级政府官僚后备队伍之重责。同时，由于明清时期职业分类并不细致，各种社会机构发育不充分，从而使地方儒学教师……承担了许多教师职业以外的其他工作。"[1]

儒家政治主张中强调以德治国，儒学教育以道德教育为重要目标，对文庙教师的道德要求非常严格。明清时期，国家多次下令国子监及地方儒学教师以德育士，一再要求儒学教师不仅要将广博知识传授于学生，更要以身作则，身体力行封建社会道德规范，通过模范之教师造就合格之人才。[2]明清中后期，为挽救颓废士风，对教师的要求更为严格。明万历三年（1575年），中央颁布皇帝敕谕，强调儒学教官要对"卑污无耻、素行不谨"的儒学教师零容忍："儒学教官，士子观法所系。按临之日，考其学行俱优者，礼待奖励。其行履无过，但学问浮浅者，一次考验，始行戒饬，再考无过，送礼部别用……若卑污无耻、素行不谨者，不必试其文学，即拿送按察司问革。"[3]

同治《上海县志》所收录的应宝时《重修上海县学记》中阐明"学者所以维天理、正人心者也"，文庙学官要引导学生和百姓相互规劝，实践圣贤之道，以至"人人亲其亲，

① 张学强：《教学内外——明清地方儒学教师功能辨析》，载《河北师范大学学报（教育科学版）》2008年第7期。
② 张学强：《教学内外——明清地方儒学教师功能辨析》，载《河北师范大学学报（教育科学版）》2008年第7期。
③《大明会典》卷78《学校》。

长其长，家弦歌而户礼乐"的理想社会状态，"迁德化，改崇德，教谕皆以师范称"。历任上海文庙教谕、训导多是品行端正、学问高深、颇有名望的文人，典型代表就是上海镇学文庙的创办者唐时措。唐时措大公无私，出资兴建古修堂和文昌宫，建立了上海镇学。在上海县设立后他不忘初心，继续留在县学文庙担任教谕，实践教育梦想。上海文庙儒学教师队伍中不乏这样的学高身正、心怀报国之志、严格课学的优秀知识分子，又如重修上海文庙的教谕许三齐，留下大量诗文的教谕顾彧。

教师职责

上海文庙教师日常工作并不轻松，包括"学宫月课，郡邑季考，加之效率，督学宪司岁一试，乡省三岁一大试，高下去取定焉"[1]。文庙教师的主要工作是对学生进行教学和课试，明清地方儒学之考试可分为课、试二法，日课、月考是地方儒学教职的基本职责。日课，指学官每日对生员的例行课业；月考，即在日课及三、六、九日作课的基础上，每至月末，教官会集生员，当堂考试一次，每季终，各儒学教师将月考过诸生优者、劣者各一二送提调官，由提调官连同季考试卷一并解送至提学院道官员处。[2]日课要求学生诵读儒家经典，字字、句句分明，心到、眼到、口到。诵读重点是熟读背诵，日课教无定法，有的教师先给学生讲明白之后学生再背诵，而有的先熟读背诵再由教师讲解。康熙《上海县志》中记载了一位"诵课有法"的教谕。明朝天顺年间，江浙钱塘县人江震被任命为上海县教谕，他在任期间"诵课有法"，政绩卓越，两次被任命为科举考试的主司。[3]

① 张学强：《教学内外——明清地方儒学》，载《河北师范大学学报（教育科学版）》2008年第7期。
② 张学强：《教学内外——明清地方儒学教师功能辨析》，载《河北师范大学学报（教育科学版）》2008年第7期。
③ 史彩修，叶映榴等纂：康熙《上海县志》卷8《历官·宦绩》，清康熙二十二年刻本。

日课所学的内容以儒家经典和历代皇帝的训言为主。同治《上海县志》中记录了上海文庙所藏的书籍:《上谕广训》《圣谕广训》《上谕》《上谕条例》《御纂周易折中》《日讲四书解义》《朱子全书》《性理精义》《钦定诗经传说汇纂》《书经传说汇纂》《春秋传说汇纂》《周官义疏》《仪礼义疏》《周易述义》《诗义折中》《春秋直解》《四书文》《御批通鉴纲目》《御定纲目三编》《通鉴辑览》《御选唐宋诗醇》《十三经》《明史》《纲目续编》《学政全书》《国子监则例》《科场条例》《续纂学政全书》《吏部则例》《礼部则例》《御制文庙碑文字帖》《平定金川碑文》《武英殿聚珍版书》《清汉对音字式》,等等。①从上海文庙所藏的书目中可以看出,文庙教育教学内容除上谕外,以"四书""五经"为核心,囊括了经史子集各部。

明朝嘉靖时期,地方官员海瑞在升浙江淳安和江西兴国知县之前,曾任福建南平县的文庙教谕,他结合教育的日常工作曾总结:"教官之于生员,日课月考,日夕与处者也。"②对于朝朝夕夕身处文庙的教谕,必然需要一定的纪律加以规范。明清时期对地方儒学教师的行为有着较为明确且严格的规范,府、州、县地方官吏、学政(提学官)、督抚都有责任对县学教谕日常教学及管理行为进行监督。

按照明清时的普遍规定,上海文庙教师应尽之职责主要包括三点。第一,勤于教学,按期课士;第二,严管生徒,举优报劣;第三,查核申报,公平散赈。对于教师也有许多严禁的行为:禁止干预地方事务;禁止迎送钦差上司;禁止包庇生事生员;禁止把持学校,勒索生员;不得擅离职守。③除了如上诸多规范约束外,各府、州、县学的文庙教师需接受监察御史、按察司官巡历教学业绩考核。上海县学儒学教师评定教

① 应宝时修,俞樾等纂:同治《上海县志》卷9《学校》,清同治十一年刻本。
② 海瑞:《海瑞集》,中华书局1981年版,第93页。
③ 张学强、郭文博:《明清地方儒学教师考核制度论略》,载《西北师大学报(社会科学版)》2009年第6期。

学业绩的标准，主要是看其教谕或训导任期内上海文庙的学生考中举人数量的多少。"府、州、县儒学教官九年考满，不论有无过名，俱以任内教成举人名数多少定拟升降。"①对于中举学生数量，明初规定，府学教授、州学学正、县学教谕考试通经，九年任内分别有九名、六名、三名学生考中举人则为称职；考试通经，学生考中举人四名以上、三名以上及两名者为平常；考试不通经，学生考中举人分别不及四名、三名及两名者为不称职。称职则升用，平常则本等用，不称职则降黜。②由此可见，理想情况下，上海文庙一般每九年会有两名以上中举者，这样文庙教师才能继续留用或者升迁。

通过日常的儒学教育，上海文庙一方面为上海县培养了人才，另一方面借由生员培养、锻炼、磨砺了一批教谕、训导，他们是封建社会时期地方区域不可忽视的一支重要人才队伍。

教师职业流动

作为高素质的知识分子和后备官员，地方教谕、训导在传统社会的职业出路较为广泛，教师职业系统内的流动及从教师职业向其他职业的流动成为一种常态，具体分为两种情况。一是在教职系统内升迁、降黜或复职，即由低一级教职向高一级教职升迁或复职，或由高一级教职降为低一级教职或开除教职。上海文庙教师教职升迁一般是从低位逐级向高位的变迁，如训导升教谕，教谕升州学学正。二是由教职升迁至品级、待遇及前途更好的其他官职，或因考核不及格而改补他官。除此之外，还有少数前两种情况的结合，即先在教职内部升迁，再由教职升迁至其他官职。③

① 《吏部职掌·考功一》，见《教官考满》。
② 张学强：《为官与为师——明清地方儒学教师出路研究》，载《西北师大学报（社会科学版）》2006年第6期。
③ 张学强：《为官与为师——明清地方儒学教师出路研究》，载《西北师大学报（社会科学版）》2006年第6期。

第一种情况是教职系统内升迁。文庙教师选择终生潜心学问，教学培育学生，如上海文庙训导朱寅升教谕，训导黄照升府学教授。

第二种情况是向其他职位迁升。许多曾任上海文庙教谕、训导者后续升迁、调任，成为一方要员。例如，明朝上海文庙训导顾彧，后升任户部侍郎并编著有洪武《上海县志》。此外，教谕徐廷龙，后升任徽州府同知，训导盛心学升浦江知县，教谕吴良辅升监察御史。

在传统"官师一体"的思维模式中，后一种由教职向官员的升迁依然为政府所提倡，为教师所向往。①

① 张学强：《为官与为师——明清地方儒学教师出路研究》，载《西北师大学报（社会科学版）》2006年第6期。

　　上海文庙日常教学基本由文庙的教谕、训导带领，包含文庙生员的礼仪熏陶、授课教学和课业考试工作。

礼仪教育

　　在封建社会时期，上海文庙延续着庙学合一的功用，既作为上海地区秀才习业的地方高等学府，又作为官方主导下祭祀孔圣人的场所，因而在礼仪教育方面发挥着巨大的作用。文庙是传统社会的儒学圣域，也是文人墨客心目中的信仰圣地。民国以前，上海文庙礼仪和祭祀制度烦琐而严格，官员、士绅、百姓等通过参与或参观上海文庙的祭祀典礼而受到感染。1912年以后，上海文庙礼仪活动不绝，祀制严格，礼仪隆重，一直延续到1927年大革命时期。

　　释奠，属于"三礼"中的"君师"之礼，释奠礼是1928年以前上海文庙每年都要举行的重要的学礼，一般在每年春秋仲月的第一个丁日，即农历的二月和八月举行，称春秋丁祭。释奠礼的祭祀对象，是供奉在文庙的孔子、孔门弟子及历代有重大成就的儒门圣贤和儒学家，丁祭是释奠礼的主要形式。顾彧在《图籍记略》中提到上海文庙在元朝时就通过释奠仪式"养老廪士"[1]。直到晚清同治年间，上海文庙还在发挥以释奠礼仪教化百姓的重要功能。1928年以前，上海文庙每年有春秋两次大规模的祭祀活动，春丁祭祀和秋丁祭祀称春秋丁祭。每年两次的春秋丁祭，时间是在春秋两季仲月的第一个丁日举行，即在阴历每年的二月与八月。通过礼仪熏陶，释典活动可以对文庙学生起到重要的教化和引导作用。

乡饮酒礼，原本是周代盛行一时的宴饮礼仪；隋唐时期，随着科举制度的兴起与繁荣，乡饮酒礼逐步与学校联系起来，成为各级学校举行的重要学礼。乡饮酒礼与每年地方贡士入京有密切关系。据《新唐书·选举志》记载，每岁仲冬，于州县为贡士举行乡饮酒礼。明太祖洪武五年（1372年），诏定乡饮酒仪，规定有司与学官率士大夫之老者行于学校，民间里社亦行之；洪武十六年（1383年），颁乡饮酒图式于天下，每年正月十五日、十月初一日于儒学举行。[2]又根据唐贡举制度可知，贡举人必须于十月二十五日随朝集使到京都，十一月一日户部引见，因此诸州在十月为贡士举行乡饮酒礼，然后"随物入贡"。[3]作为一种重要的"学礼"，乡饮酒礼也是上海文庙的常设性礼仪活动，且对于维护地方社会秩序、敦化风俗有非常重要的作用。

授课教学

元朝上海县归松江府管辖，隶属江浙行省，大德元年（1297年），江浙行省颁布《行省坐下监察御史申明学校规

① 顾彧：《洪武六年训导顾彧图籍记略》，见同治《上海县志》卷9《学校》，清同治十一年刻本。
② 张学强：《教学内外——明清地方儒学教师功能辨析》，载《河北师范大学学报（教育科学版）》2008年第7期。
③ 张婧静：《试析隋唐学礼中的乡饮酒礼》，载《沧桑》2003年第3期。

式》，作为江浙行省官学教育的规范，《学校规式》中规定
肄业儒生朔望陪拜听讲，每月课试之法，朔望讲书，等等。
对于十五岁以下的小学生员，规定每日背诵隔日书，授本日
书，出本日课题，律诗，省诗对句，登堂听讲；食后习功
课，七言律、五言律、绝句，省诗隔对，七字对，五字对，
习字，读本日书；午食后习功课；等等。明清地方儒学之考
试可分为课、试二法，日课、月考是地方儒学教职的基本职
责。明嘉靖时期海瑞曾任福建南平县教谕，他结合文庙日常
工作曾总结："教官之于生员，日课月考，日夕与处者也。"

康熙《上海县志》中记载明朝景泰年间上海文庙教谕赵
正兢兢业业对待教职，"终日坐堂上讲授，夜震铎以警示惰
者，及门之士即仕者尤念之，不忘每日安得如斯人，以励后
进。"[①]赵正每天都在堂上讲授，从不敢懈怠，不仅如此他还
晨钟暮鼓，鞭策文庙中懒惰的学生。他的自律精神感染了门
下学生，让文庙那些走向仕途的生员一辈子不忘曾有这样督
促他们学习的好老师。

上海文庙实施分科教学，内容广泛，如明经、法律、书
法、算学、音乐、射箭、举重等，不同时间学习不同科目，
并定期考核，考核不过的生员要受到批评或处罚。洪武二年
（1369年），政府颁布《皇明立学设科分教格式》，规定府、
州、县学校等各处学校实施设科分教之法："生员习学次第：
侵晨，讲明经史、学律；饭后，学书、学礼、学乐、学算，
未时习射弓弩，教使器棒，举演重石。学此数件之外，果有
余暇，愿学诏、诰、表、笺、疏议、碑传、记者，听从其
便。"除此之外，对于学生的考核也有严格规定："守令每月
考验生员，观其进退揖拜之节，听其言语应对之宜，背读经
史，讲通大义，问难律条，试其处决。讲礼务通古今，写字

① 史彩修，叶映榴等纂：康熙
《上海县志》卷8《历官·宦
绩》，清康熙二十二年刻本。

不拘格式，审音详其所习之乐，观射验其膂力，又能中的，稽数明其乘除，口手相应。守令置立文簿，同教授纪载诸生所进功程。如一月某科某生学不进，则纪载于簿，至三月学不进，罚此科训导月米半月，罚多不过一月。"[①]

课业考试

岁考，针对各府、州、县官学的生员进行，由提学官深入到各级地方官学担任主考，考察地方学校生员的学习情况。岁考三年两次，考得好的有奖励，考得不好的轻则降级，重则开除。岁考根据生员成绩优劣分为六个等级：一、二等有赏，原不是廪生身份的可以补缺，是廪生身份的给予其他赏赐；三等，不赏不罚；四等挞责不降级，拿鞭子蘸凉水抽，以体罚起到震慑作用；五等降级，原廪生身份的降为增生，增生降为附生，附生降为青衣；六等开除学籍。

明朝后期许多地方学官放松了管理，部分教师贪图安逸，或年迈昏聩，没有按期给学生开展课试，缺少对学生的细心督促，很多学生的学业表现相当不理想。明朝进士、兵部侍郎谢存儒痛心学校教学管理涣散的现象，著文怒斥教师无心师道，学问不精，学生无心学习，抄袭应付。他在《选师儒以敦教化疏》中写道："近世师儒，仪范不立，开导无方，惟知勾校簿书，不复精专道艺。考课业仍其抄录，计积分准其班资。监生则苟度岁时，游玩博弈，其幸而以学业自勤者，则又揣摩剽窃，以应时用，僻裂轻艳，理义支离，不过假此以阶显荣，其于立身行政，曾未推行。"[②]

清朝初期，各地学官厉行整饬风学，如饬修学宫、定期课试。王庆成在《稀见清世史料并考释》收录了一则题为

① 《皇明立学设科分教格式》，见顾明远总主编《中国教育大系·历代教育制度考（一）》第2卷，湖北教育出版社2015年版，第1163页。
② 文庆、李宗日方等纂修：《钦定国子监志》卷70，北京古籍出版社2000年版。

《学道饬修学宫定期课试示》的文献，该学道表示要对本道内的学宫"捐俸倡修"，对于教官，该学道要求他们"每月朔望日，教官率诸生拜谒圣庙，兼习礼仪"；对于日常学宫中的课试，要求"初二、十六两行课试，务要师生齐集一堂，本日交卷，将课文随即封解，听本道序次选刊"；对于课试不到的违纪生员，"凡月课不到，生员或饬降罚，以次重轻，三次不到，竟行黜革"；对于教谕、训导、教授的日常，他还要求"其余暇日，仍仰该学教官各就所见，或会文艺，或讲经史，设几置坐，考钟伐鼓，振励盛修，无辍厥业"。①

---

① 王庆成：《稀见清世史料并考释》，武汉出版社1998年版，第293页。

05>

上海文庙的社会教化

伦理道德层面的感化
社会风俗层面的敦化

中国传统社会高度重视教化工作，教化可以分为两类，一是面向个体的道德伦理层面感化，二是面向整体的社会风俗层面敦化。无论是针对个体还是整体，教化的内容均广泛涉及道德品质、社会风俗、家庭伦理及政治伦理诸方面。

伦理道德层面的
感化

在历史上，上海文庙是上海地区的儒生学习儒家思想、弘扬伦理道德的主要场所。明朝文人罗伦曾经这样描绘文庙所宣扬的儒家理想世界蓝图："天下之高年皆吾家之老也，天下之孤弱皆吾家之幼也，天下之巅连无告者皆吾家之兄若弟也，天下之昆虫、草木、动植百物皆吾家之党羽也。伏羲、神农、黄帝、尧、舜、禹、汤、文、武、周公、孔子之治，载之六经者，皆吾家之所以为教也。其教之成也，根于心，晬于面，盎于背，施于四体而达于吾家。父安其慈，子安其孝，君安其仁，臣安其敬，长幼安其序，朋友安其信，男安于外，女安于内，士安于学，农安于耕，商贾安于贸迁，行旅安于役，天地万物无不各安于其所，此吾家之教化也！"[①] 道德感化在于通过伦理和思想道德方面的引导，让人们在潜移默化中获得思想和观念的变化与提升，并以儒家道德思想的核心价值观，推动各种伦理关系的有序化，从而达到教化之目的。

道德感化是文庙通过自身所蕴含的丰富儒家文化内涵对人们产生伦理教化、道德指引、性情陶冶、劝学教育。杨大

① 罗伦：《安庆府学棂星门记》，见周銮书、王伟民选注《江西古文精华丛书·碑记卷》，江西人民出版社1996年版，第269—270页。

禹在《儒教圣殿：云南文庙建筑研究》一书中用现代语言总结儒教所追求的人生七种境界：乐以忘忧的坦荡襟怀，兼济天下的壮志豪情，志道从义的气节操守，至诚慎独的执着追求，见利思义的价值观念，天人合一的终极关怀，善美合一的审美取向。①这七种境界正暗合了文庙在伦理道德层面的价值追求。

《欧阳塾记略》中指出，上海学宫"侯百务未遑，先此汲汲，可以明志"，以道德伦理教化端正人心，彰显高尚的道德理念，"崇德之志，可以明教"②。上海文庙设有明伦堂，意旨"明及人伦"，是阐明人伦、教化生徒的会讲学习场所。在读书人心目中明伦堂是道德规范的一种象征。

明朝规定，每岁正月十五、十月初一在明伦堂举行乡饮酒礼，以希望达到"各相劝勉、为臣尽忠、为子尽孝、长幼有序、兄友弟恭、内睦宗族、外和乡里"的理想境界。同时，明伦堂通过集会讲学、考询得失、公开议政而对上海百姓进行道德引导和伦理教化。

上海文庙的建筑空间也无不渗透着教化意味。文庙作为古代的礼制性建筑，其规格、式样甚至图案都是按照传统儒家的伦理精神与教育意图来构筑的。文庙在可见的砖木石建筑之外，通过雕刻、绘画、牌匾、楹联、祭器、乐器等，传达一种文化精神和道德思想的象征。供奉在上海文庙里的大成孔子圣像、大殿墙壁上的《论语》青石刻碑、《孔子圣迹图》，柱子上的楹联和两庑供奉的乡贤、先儒先贤，并不仅是干瘪枯燥的木雕、木偶、文字、画像、牌位，每一位先贤的名字背后，都有丰富的文化故事。这些雕刻、绘画、礼乐器物等，宣扬仁义道德、纲常伦理等，强调尊师重教、忠义孝悌、礼义廉耻，从而引导良好的道德风尚和社会风气。

① 杨大禹：《儒教圣殿：云南文庙建筑研究》，云南大学出版社2015年版，第56—62页。
② 应宝时修，俞樾等纂：同治《上海县志》卷9《学校》，清同治十一年刻本。

社会风俗层面的敦化

风俗敦化指文庙在移风化俗、引导人们养成良好习惯、安定百姓、稳定社会方面发挥的重要作用。朱熹认为，教化的关键在于塑造人的品行习性，"教化之行，挽中人而进于君子之域，教化之废，推中人而堕于小人之涂"[1]。上海文庙以唐时措、张可瞻、高遇等品性纯良、行为方正之人作为教谕和训导，他们除身兼督导学生之责外，还担起教化乡里、化民成俗的任务。

20世纪30年代，上海文庙被开辟为文庙公园，集公园、民众教育馆、图书馆、展览馆、运动馆等多种功能为一体，免费向市民开放，成为那个年代上海百姓喜爱的公众休闲场所之一。加之地处人口密集、交通方便的老城厢，比起收费且路途不便的租界公园，文庙公园成为市民日常休闲的好去处。文庙的自然风光有独特的逸趣，池水空明清澈，空中云影映照在池面，岸边垂柳丝丝摇摆，池边还有古亭。其时，土生土长的上海人华子在《劫火话城南》一文中回忆，由于寓所距离文庙很近，他差不多每天都要到文庙走走，没有固

[1] 李敖主编：《朱子语类 太平经 抱朴子》，天津古籍出版社2016年版，第178页。

定时间，有时晓色微蒙，有时夕阳正浓，有时吃完午饭去兜一个圈子。"我常去公园的图书馆看报，看各地京津杭寄来的日报，虽我离开了南京，和《中央日报》的笔墨缘比较疏远，却不会断绝着。"[1]上海文庙渐渐融入了百姓生活中，同时通过优美的自然风光、井然的公园秩序和有序的公共文化活动，潜移默化地熏陶、改变着上海市民的生活方式和观念。

上海文庙公园在上海民众心中是永远不会泯灭的故乡记忆，影响着人们的生活方式和习惯。从民国时期的文献档案中可知，民众从文庙公园的游览和学习体验中自觉地养成奋进的意志，这是文庙移风易俗的显著效果。文庙中的民众教育活动，为人们营造了优良的学习和休闲空间，在积极向上的气氛中，熏陶激发了人们迎接新生活的热情和信念。

尼生在《上海史话：文庙与文庙公园》开篇写道："南市居民，在他们业余的时间想换换新鲜空气的话，唯一的恩地，就是上海文庙，里面有图书馆、运动场、花园、民众教育馆等，在这里可以怡心畅怀，更可在无形之中，增加不少的智识。进去又没有什么限制，不像租界的各公园一定要长期券，或者出两毛钱，买了票才得进去，真是一个最好休憩地点。"[2]上海文庙改造为民众教育馆、图书馆后向民众免费开放，是南区市民业余休闲的好去处。当时的文庙建有泮池、泮桥，池上有石桥三架，过泮桥，正中就是大成门。明伦堂改作通俗演讲之用，尊经阁重建并改为上海图书馆。文庙附近还有运动场、动物园等。对公众开放后，上海文庙一扫旧日的凝重、沉闷，焕发出生机与活力。那时在大成殿里，还举办过中国历代钞票展览会等。

沈可天在《上海文庙印象记》一文中描述道："文庙在

① 华子：《劫火话城南（续）：三、文庙公园》，载《上海生活》1938年第2卷第4期。
② 尼生：《上海史话：文庙与文庙公园》，载《上海生活》1937年第1卷第6期。

一般人脑海里，一定是一个幽僻荒凉，而带着古色古香的场所，也许是苍苔布满阶前，蝙蝠盘踞屋角，使我们只能凭吊一番，而不能欣赏一周。然而上海的文庙，是完全不同的。它充满着生动的精神，秀丽的景色，什么地方都是整齐、清洁、雄壮、美观，那种勃勃的朝气，好像阳光普照着大地，人们都在欢心歌舞的样儿。"①

1935年10月31日和1936年8月12日，《申报》刊登的两篇弹词唱词，描述了上海文庙一派生机盎然的自然风光："唱罢一段重开场，文庙公园名久扬。白衣人也可游泮水，科举早废已无妨。进门先见魁星阁，大门口三架石牌坊。小假山，小池塘，小凉亭，小桥梁，小小景致小地方。钟鼓高架多威显，大成殿辟居在中央。先师神位高高供，名贤排列在两旁。图书馆内陈书报，音乐室里品笙簧。各种展览室，许多新花样，健康卫生大改良。演讲厅，设书场，赵稼秋，朱耀祥，啼笑因缘凤姑娘。园林虽小甚雅致，抖空气还好晒太阳。入园须守新生活，切不可袒胸脱衣裳……"② "浓荫绿树夏正长，教育馆中去徜徉。景色清幽多雅洁，平铺碧草野花香。东邻大厦连云弟，倒影崇楼水一方。这一边，康健公民展览室。那一边，图书馆陈列费周章。更有那，活泼儿童寻乐地，天直流露自康强。假山叠就玲珑景，一角茅亭送晚凉。桥边垂柳迎风舞，池内金鱼戏水乡。国术场，战迹室，一·二八往事太凄凉。荒凉闸北成丘墟，第一深仇要自强。迤逦折径花架去，娱乐室丝竹韵铿锵。魁星阁气象真雄壮，大成殿宏敞在中央。钟鼓乔皇与祭器，古色古香古衣裳。再看那，摄影名家展览处，琳琅艺术好平章。阅报室时事皆分晓，秋坪一局费思量。演讲厅弹唱兴亡事，……"③

民国时期，文庙公园在日军轰炸中被毁。1937年，华子

① 沈可天：《上海文庙印象记》，载《铁工阵线》1937第1卷第7期。
② 李树德堂电台《上海景致》，载《申报》1935年10月31日。
③ 元昌电台《上海市民众教育馆文庙公园景致》，载《申报》1936年8月12日。

在《劫火话城南》中写道："文庙公园是祖国的创设，所以不仅给城南居民工作的倦余换换空气，而纯粹遣情的地方，而且正好借这一个清净幽美的去处，来甄陶民众，教育民众，灌输民众一种智识，和养成一种向上的意志。"①

今日的上海文庙面向普通市民，不时举办不同类型的讲座、展览等活动，如传统文化讲座、传统剪纸作品展、女工精品展、历代深衣展、毛笔制作活动、砚台雕刻体验活动等。这些丰富多彩的活动为丰富市民文化生活增添了活力，同时以寓教于乐的形式在潜移默化中对参与者进行熏陶，有益于社会风俗的敦化。

① 华子：《劫火话城南（续）：三、文庙公园》，载《上海生活（上海1937）》1938年第2卷第4期。

上海文庙内的红枫与池水（图片来源：图虫创意）

1905年科举制度被废除之后，文庙开始了庙学分离的岁月，全国各府、州、县的文庙大都日渐零落。加之近代以来的战乱与破坏，20世纪80年代时，各地保存完整的文庙古建筑群，已是凤毛麟角。进入20世纪90年代中后期，人们对传统文化的重新审视，使文庙的发展进入了一个新时期。上海文庙是在此时重新修复的，其中大部分是依照文庙建筑传统、仿古之制重建的建筑，仍具有一定的历史价值和艺术价值，是其他宫观庙祠所无法比拟的。

　　重修后的上海文庙汇集了殿、阁、廊、亭等多种中国古代的建筑物，按照布局可以大致分为祭祀建筑院落与教学建筑院落，按功能可分门围建筑、祠祀建筑、教学建筑、生活辅助建筑四大类。此外，建筑物上的雕刻、绘画等，造型精美，具有重要的审美价值，含有祈福、辟邪等美好寓意。

门
围
建
筑

　　门围建筑作为上海文庙的外围，除了起到隔绝外界纷扰
作用外，更多的是体现文庙的恢宏、尊贵和深厚的历史气
息。上海文庙的门围建筑主要由棂星门、大成门、学门、仪
门等建筑物组成。

牌楼

　　牌楼，据《中国大百科全书》解释，牌楼是一种只有单
排立柱，起划分或控制空间作用的建筑。通常情况下，牌坊
和牌楼二词已通用，但严格说来两者仍有细微区别，单排立
柱上只有额枋而无屋顶的被称为牌坊，有额枋又有屋顶的被
称为牌楼。上海文庙额上有顶，可以称为牌楼。

　　牌楼是中国文化的象征符号，是中国的名片，牌楼作为
中国馆前的招牌式建筑，已在历届世博会上出现多次。文庙

上海文庙棂星门

棂星门上的雕刻装饰

上海文庙牌楼

上海文庙牌楼之"文昌物华"

1932年的上海文庙牌楼和魁星楼（图片来源：《中华》，1932年第10期。）

牌楼赫然屹立于中华路与文庙路交叉处，成为上海文庙空间前的标志性建筑物，牌楼的坊门与坊墙共同组成的实体接口，可以有效地划分心理空间。

20世纪30年代，上海市政府曾在上海文庙公园建设的过程中，新修上海文庙牌楼，牌楼1937年毁于淞沪会战中的日军轰炸。今日所见的上海文庙牌楼是在借鉴中国传统样式基础上，结合现代工艺而建造的仿古式建筑，其样式与民国时期的上海文庙牌楼极为相似。文庙牌楼正面上书"上海文庙"四个烫金大字，背面为"文昌物华"四字。牌楼两侧立柱为混凝土浇筑，形制高大，单开间，横跨文庙路的街道而建，是进入上海文庙的必经之地，起到展示、指引作用。上海文庙牌楼具有南方牌楼的典型特征，屋角高高翘起，角檐上翘程度夸张，展现出活泼灵巧之气。

棂星门

中国古代天文学上所称的棂星即文曲星。古代天子在郊外设坛祭天，首先祭棂星，祈求丰衣足食，五谷丰登。后在孔庙前建造棂星门，将孔子比为天上的文曲星，祭孔如祭天，说明当时封建统治者对孔子的重视。此外，棂星门寓意人才济济，贤达雅士云集。清康熙年间《武定府志》中记载："门皆用板，古王者用棂，纵横相错，望之如星，取辟门求贤之意，惟孔庙用之，尊圣人之至也。"[1]

《营造法式》中称这种类型的门为乌头门，"乌头门其名有三，一曰乌头大门，二曰表楬，三曰阀阅，今呼为棂星门。"[2]棂星门是文庙、神庙、佛庙中常见的一种门围建筑，一般来说，文庙中的棂星门按样式可以分三门、五门、七

① 王清贤、陈淳纂等修：康熙《武定府志》，见杨成彪主编《楚雄彝族自治州旧方志全书·武定卷》，云南人民出版社2005年版，第105页。
②《营造法式》卷6，清文渊阁四库全书本，图像版二：民国汇刊景宋钞本。

门、九门四种，按形制又可以分房屋式和牌坊式两种。

依据县志记载，上海文庙棂星门最早建于至正十一年（1351年），屡毁屡修。嘉庆《上海县志》中出现了关于上海文庙棂星门的最早记载："至正十一年……县学岁久弗葺，监县兀奴罕、县丞张议捐俸以倡，邑士费雄等咸输金助役爰命，教谕子遴鸠、工贸材凡创造棂星门、大成殿门、斋舍二十余楹，上人觉元舍田荡六百亩有奇，永嗣修葺之费。"①

一般来说，棂星门的位置有三种情况：一是位于文庙的最前面作为大门使用，二是退入庙内仍然作为庙内的门使用，三是退入庙内成为装饰。②上海文庙属于第一种情况，以棂星门为庙门。今日上海文庙的棂星门面阔三间，三单坊，三坊之间用墙相连接，六根石柱支撑，立柱为平顶，柱上刻有祥云浮雕纹饰。坊的顶部中间位置配有"一帆风顺"寓意的装饰，体现了上海文庙棂星门的民俗内涵和艺术性。

大成门

史书记载，上海文庙大成门始建于至正十一年（1351年）。大成门三个字为雍正皇帝亲书。"大成"一词出自《孟子·万章下》"孔子之谓集大成也"，称颂孔子身上集中了古代圣贤的优秀品质，是集诸多成就为一身的大成者。大成门的铜门环上的兽头叫蒲首，相传龙一胎生九子，蒲首就是其中之一。由于它性好静，所以把它装在门上，驱邪避鬼，看守门户。大成门正门只在每年的九月二十八日举行祭孔大典时开启，而平时人们只从两扇腋门进出。今天的上海文庙大门外左右两侧树有《大成碑》，碑上刻有捐赠者的名单。

上海文庙大成门匾额

《大成碑》

上海文庙学门

① 黄溍：《黄溍记略》，见王大同修、李林松等纂嘉庆《上海县志·卷6·建置》。
② 孔喆：《文庙棂星门略考》，见孔庙和国子监博物馆编《孔庙国子监论丛》，中国社会科学出版社2013年版，第279页。

雨中的上海文庙仪门（图片来源：图虫创意）

学门

学门最早建于大德六年（1302年）。同治《上海县志》载："大德六年，府判张君纪始议修整，县丞范君天桢捐俸为倡，作轩于殿外，新夫子像，绘先贤两庑。为外门三，学门一，朱扉仪戟举以法。"[1]现在的学门是后来重修的。学门也叫黉门、文曲门，是进入学宫正前方的第一道大门。

仪门

仪门最早建于元大德六年（1302年）。仪门过去只有在帝王大典、迎接圣旨或进行重大祭祀活动时，才可以将此门开启，故称仪门。一般的官宦人家是无资格建造仪门的，只有封邦列爵的邦君才能独尊此荣。孔子在唐朝时被封为"文宣王"，故可享此殊荣。现存的仪门是清咸丰五年（1855年）重建的。

---

[1] 应宝时修，俞樾等纂：同治《上海县志》卷9《学校》，清同治十一年刻本。

大成殿

据《上海县志》的相关记载,大成殿是文庙的主体建筑,最早建于1294年,现址的大成殿是在咸丰五年(1855年)重建的,为重檐歇山顶,高14米,占地260平方米。大成殿正面的双重飞檐中间有"大成殿"三字竖匾,寓意孔子乃"集古圣先贤之大成",匾额是清朝雍正皇帝手书的墨迹。大成殿的屋檐下沿另有"万世师表"匾额横挂。1684年,康熙皇帝赴曲阜祭孔时书写"万世师表",赞扬孔子的嘉言懿行为千秋万代树立了表率,是永远的楷模。

走入殿内,庄严肃穆。大成殿内正方位是孔子金身坐像,该孔子像是1991年上海建城七百周年之时,台胞王安定先生捐赠,由香樟木雕刻而成。2004年在大成殿的修缮过程中,重建孔子神龛,须弥座,重塑孔子金身。

孔子塑像上方殿梁匾额共三块:第一块"圣集大成"由清代道光御赐,其取自于《孟子》"孔子之谓集大成也",是

上海文庙大成殿殿前（图片来源：图虫创意）

大成殿的重檐歇山顶

上海文庙大成殿内景（图片来源：图虫创意）

1985年日本友人上川路纮捐赠的；第二块"圣协时中"由清道光帝御赐，取自《中庸》"君子之中庸也，君子而时中"；第三块"德齐帱载"，清咸丰帝御赐，取自《左传》"如天之无不帱也，如地之无不载也"，比喻孔子之德可比天地。

殿中有抱柱联两副，都是在清乾隆十三年（1748年）由乾隆皇帝撰写的。"觉世牖民诗书易象春秋永垂道法，出类拔萃河海泰山麟凤莫喻圣人"，由申城书法家张森以隶书书写。上联大意是孔子为了让普通百姓能够读懂古代流传很广的典籍，删改《诗》《书》《周易》，还编写了《春秋》，这是值得永远称道的。下联大意是麒麟是走兽中的神兽，凤凰是飞鸟中的神鸟，泰山远比土堆要高，河海比小溪更浩瀚，圣人自然胜于百姓。后一副"气备四时与天地鬼神日月合其德，教垂万世继尧舜禹汤文武作之师"，由书法家高式熊书写。上联大意是孔子的为人、道德、气度是顶天立地、无与伦比的。下联大意是孔子教化民众比历代明君有过之而无不及。两副楹联皆颂扬孔子的功绩和为人的高尚。

大成殿内东、北、西三面墙壁上镶嵌有书法家刘小晴手书的《论语》全文青石碑刻，全文共20篇512章16400字，刻在52块青石板上。碑刻笔迹苍劲有力，块块工工整整刻写着《论语》的青石板环绕整个上海文庙大成殿内壁，叹为观止。

大成殿内陈列的编钟是上海江南制造局于1870年铸造的，它不仅是乐器还是礼器，是地位和权力的象征，在各种祭祀、宴飨和大典中使用。编钟按宫、商、角、徵、羽五音排列编组，可以演奏出美妙的乐曲。抗日战争时期，上海文庙管理者为防日本侵略军掠夺，将这套完整的编钟埋藏于地下，直到1982年在文庙大成殿月台前挖防空洞时出土，才重

大成殿墙壁镶嵌的《论语》全文青石碑刻（局部）　大成殿内的鼓

大成殿内编钟

见天日，摆回到它原有的位置。在大成殿的左侧有鼓，是与右侧编钟相对应的礼器。

东西庑殿

同治《上海县志》载："大德六年，府判张君纪始议修整，县丞范君天桢捐俸为倡，作轩于殿外，新夫子像，绘先贤两庑，为外门三，学门一，朱扉仪戟举以法。"[①]大成殿东西两旁的庑殿是大成殿的配殿，最早建于元朝大德六年（1302年），历来主要展示儒家先贤和乡贤名宦。

上海文庙西庑

上海文庙东庑

西庑书画陈列展示

上海文庙崇圣祠

崇圣祠改作的周慧珺书法艺术馆

月台

　　上海文庙是祭祀的场所，庙中需要一定的活动空间举行祭祀仪式，主体建筑大成殿前面积开阔的月台就是为了祭祀仪式准备的活动空间。月台始建于明弘治十二年（1499年）。月台也称佾台，是旧时每年春秋丁祭时奏乐和歌舞的地方。月台东西南三面围有荷叶石柱和透明石雕，月台的石阶中间镶嵌着石雕龙。

崇圣祠

　　上海文庙崇圣祠是供奉孔子之父叔梁纥等五代先祖的祠堂，位于大成殿后，为一座规制严正的小规模四合院，前为门墙，中为庭院和东西两厢，后为大厅及耳房。崇圣祠设立的初衷是解决孔庙从祀序列中所出现的"子处父上，父处子下"的失序问题。

教学建筑院落

明伦堂

　　明伦堂为上海文庙两大核心建筑之一，另一为大成殿。堂为古代宫室建筑之一，用于讲学、演讲，是儒家思想文化的宣扬之地。明伦堂作为讲学习业的场所，内部南北通透，光线充足。此外，文庙讲堂的屋顶悬挂许多宫灯，每到傍晚宫灯亮起，灯火辉煌。明伦堂悬有"师礼垂训"匾额，四周的墙壁上悬挂反映孔子生平事迹的《孔子圣迹图》。

上海文庙明伦堂堂前（图片来源：图虫创意）

明伦堂文庙讲堂

现址明伦堂是1855年重新建造的。清咸丰三年（1853年）八月初五，小刀会发动起义，利用上海知县袁祖德在旧文庙举行祭孔活动的时机，杀了知县，在上海建立大明国，明伦堂成为小刀会的总指挥部。在镇压小刀会的过程中，明伦堂毁于战火，而整个上海文庙损失惨重无可收拾，于是在1855年迁址重建，1856年落成。文庙迁址重修后，明伦堂也重新焕发光彩。民国时期明伦堂还做过"国民救亡歌咏协会"成立大会会场，是具有革命纪念意义的地方。

儒学署

儒学署是封建社会官方的儒学教育管理机构，掌管文庙祭祀和学员教育，相当于现在的教育局。儒学署的官员称教谕，上海文庙的第一任教谕是元初建学有功的唐时措。

儒学署一楼现已改作尧缔茶壶博物馆，两款匾额上下悬

上海文庙儒学署（图片来源：图虫创意）

1934年的上海文庙公园雪景
（图片来源：《图画晨报》，
1934年第86期。）

挂，上方"儒学署"匾由上海市前市长徐匡迪所书，一楼的
"尧缔茶壶博物馆"由周慧珺女士所书。博物馆陈列着旅美
华侨陈亦尧先生捐赠的中国历代茶壶400余件。儒学署二楼平
时不对游客开放，但定期举办讲座、研讨会和小型展览等。

尊经阁

尊经阁是文庙的藏书楼，于2006年重建。历史上，上海
文庙尊经阁最早修建于明成化二十年（1484年）。嘉庆《上
海县志》中记载："成化二十年，知县刘琬构尊经阁。"《成
化二十年钱溥尊经阁记略》对其有详细记录："邑宰刘侯琬议
地于明伦堂北建阁。以贮六经、御制诸书及百家子史。而以
'尊经'名，经以载道也。"[①]

民国时期尊经阁在修复过程中，经历了资金匮乏的困
难，甚至一度需要将古迹上的石碑拆下来拍卖。1931年，上
海《友声》杂志刊登了一篇关于尊经阁即将修整的文章《文
庙尊经阁拆卖》。文中指出，由于尊经阁年久失修，势将倾
坍，"经市教育、工务两局派员查勘"，认为必须尽快进行重

① 钱溥：《尊经阁记略》，见王大
同修、李林松等纂嘉庆《上海县
志》卷6《学校》，清嘉庆十九年
刻本。

上海文庙藏书楼匾额（图片来源：图虫创意）

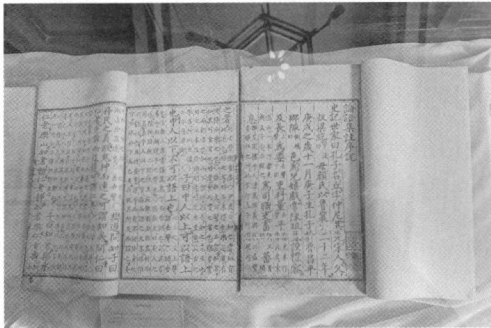

上海文庙藏书楼藏书展示（图片来源：图虫创意）

尊经阁内的藏书陈列

修。但是"至修理费,经估约需万元之谱。市库空虚之际,事实上又难办到",在经费奇缺的无奈状况下,"经两局会商结果,以该阁虽系古迹,应予保留,然破坏如此,危险难虞。如不饬修、即宜拆卖为安。现经工务局鸠工,将阁旁墙上石碑取下,另外安置,留以纪念,并出示招标拆卖云"。[1]

1931年,重建后的尊经阁成为上海最早的市立图书馆,也是当时的文化中心,许多人在这里读书、下棋。现在的尊经阁是2006年由政府重新修建的,阁内展示的是与儒学有关的各类古籍善本,被评为"儒家经典展示基地""上海世博会城市特色文化展示柜"。上海文庙管理处将上海文庙中收藏的具有重要历史价值的古籍和绘画精心整理,先后出版了一系列著作。

① 佚名:《文庙尊经阁拆卖》,载《友声(上海1923)》1931年第4期。

魁星阁

上海文庙魁星阁是上海文庙古建筑中的珍品，1855年文庙迁址后重建，一直保存较好。据方志文献记载，旧文庙的魁星阁始建于清雍正八年（1730年），小刀会占据后将魁星阁改作瞭望塔，其后被毁。咸丰五年（1855年）重修后的魁星阁外观呈六角形，高约20米，六根楠木柱直通阁顶，称为通天柱。阁内六根金丝楠木柱，由底层直通阁顶称之为通天柱，旧时登临此阁可以俯瞰老城厢全貌。

据古籍记载，魁星阁最早供奉的是魁星神。魁星是古代天文学中二十八星宿之一魁星的俗称，指北斗七星的前四星，即天枢、主宰、文运、文章。魁星神鬼脸人身，立于鳌头之上，一只手捧斗，另一只手执笔，一只脚向后翘起如大弯钩，寓意才高八斗，独占鳌头。阁前的挂落之上有宝瓶，内有三把戟，寓意进入此阁平升三级。

上海文庙魁星阁景观（图片来源：图虫创意）

天光云影池

  上海文庙在元朝时期已有天光云影池。天光云影池内，安放着"龙吟虎啸"灵璧石。这块灵璧石产于安徽灵璧县群山中，现重5.6吨，石峰的仰天处似虎啸震天，而接水处似龙吟细细。

天光云影池

龙吟虎啸灵璧石

辅
助
建
筑
物

孔子佩剑铜像

　　站台上的孔子铜像是在1989年孔子诞辰2540周年时，由
香港陈春先生捐赠的。大理石底座篆刻有周谷城教授的题词：
"先哲，伟大的教育家孔子铜像"。这座铜像是根据唐朝画家
吴道子所绘的《孔子行教像》铸造而成的。

上海文庙孔子佩剑铜像
（图片来源：图虫创意）

缸、井

文庙内现在保存有六角井和造型精美的水缸，是以前文庙的生活设施。

六角井

水缸

莲花池

大成钟

钟是文庙重要的礼器。孟子在论述中把孔子比作一首旋律，一段以钟声开始并以碧玉磬结束的完美旋律。20世纪30年代，《中华》杂志曾经介绍过上海文庙内的大成钟，说该钟钟声久远。现在的钟是在2000年铸造的。大钟高为1.8米，直径1.1米，重达1.5吨，钟钮是一对首尾相缠的蒲牢。相传龙生九子，蒲牢排行老四，喜欢叫嚷，声音洪亮。钟肩有十二条春秋龙纹围绕，下沿有四对相向戏珠的双龙，钟身则镶嵌有上海市花白玉兰图案；钟腰上下两圈铸有二十四辆顺向排列的孔子出游马车图，象征孔子一年二十四个节气周而复始地出游、讲学，传播儒家学说和思想。大成钟两侧还铸有一百三十五名捐资者名单。

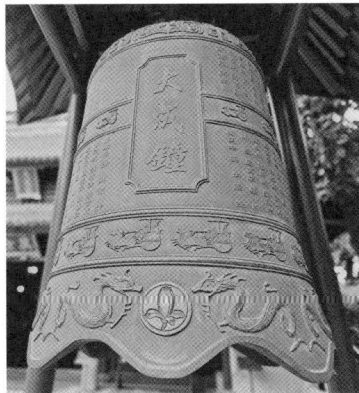

1932年的上海文庙大成钟（图片来源:《中华》杂志，1932年第10期。）

上海文庙大成钟（图片来源：图虫创意）

大成钟细节图（图片来源：图虫创意）

杏廊

　　杏坛是孔子讲学的地方。上海文庙杏廊取杏坛之意。杏廊用于安放古碑，其中有明嘉靖十七年（1538年）、明万历三十四年（1606年）、清咸丰六年（1856年）三块修缮学宫的

上海文庙杏廊

碑记。此外还有一块明朝正统六年（1441年）所制上海县儒学科贡碑，记录了明朝时在上海文庙学习而取得功名的士子名单。

碑廊

《上海县籍进士名录》碑廊，又称宣廊。此碑由谈意道先生于1999年6月向上海文庙捐赠。碑上刻有自元朝建城至清末数百年间，通过科举考试而进入进士行列的二百七十九位才子的姓名和官职。故此，上海文庙也曾被称为上海文化之根。

碑廊

听雨轩

听雨轩临水而建，旁边就是天光云影池。下雨天停留在听雨轩，听雨水滴答滴答叩响屋檐，看碧绿池水泛起涟漪，别有一番风景。

听雨轩景观（图片来源：图虫创意）

听雨轩内景（图片来源：图虫创意）

建筑装饰

　　上海文庙建筑装饰造型处处体现出丰富的寓意，或祈求平安祥和，辟邪驱灾，或祈求文运昌达，神明庇佑，或传扬圣人事迹，标榜仁义礼智信的处事原则。厌胜物是文庙建筑群中随处可见的富有特别意义的辟邪装饰。"厌"字，通"压"，有倾覆、适合、抑制、堵塞、掩藏、压制的意思。"厌胜"在《辞海》中的释义为"古代方士的一种巫术，谓

棂星门冲天柱上的祥云雕刻

明伦堂屋脊上的望兽雕刻

能以诅咒制服人或物"。尽管其数量不多，却占据着屋脊、棂星门、泮桥、魁星阁、照壁等明显位置，是文庙富有代表性的建筑符号。文庙厌胜符号不仅增加其观赏性，还以精美的造型和图饰体现祈福的民俗习惯，同时传递驱凶避邪的寄寓，表达了古代士人的避邪、祈福、庇荫的心理。

上海文庙第一道门入口位置的棂星门，为冲天柱形式，石柱上雕刻着祥云、狮子。棂星门上精美的雕刻，寄寓集学于此的文人学士希望通过读书改变命运，从此处走上仕途，迎来光明、尊贵的前途。

屋脊是中国传统建筑装饰的重点，上海文庙大成殿屋脊可谓建筑的精彩部分。文庙屋脊常常使用烦琐的透雕和高浮雕，题材有盘龙、祥云、花草等。大成殿正脊位置，常常突起的复杂且精美的雕刻装饰，称为吻兽，多为张开大嘴的龙、夔龙以及狮子、麒麟等走兽。传说龙能兴风作雨，所以龙形神兽被视为灭火消灾、防雷电的镇物。正脊外，垂脊（又称岔脊）上排列有众多护脊神兽，兽头向外的望兽，它们都是文庙建筑的守护神。

大成门铜门环上的兽头叫蒲首，把它装在门上，驱邪避鬼，看守门户，护卫文庙的清静与安宁。

上海文庙的诸多富有厌胜意味的装饰符号，相当一部分是主体心态的投射。这些祈福、辟邪的文庙装饰代表了美好的期盼，使得文庙学子获得心理慰藉和心理支持，并体现了一定建筑美学价值和民俗研究价值。

建筑空间的
内蕴

明代诗人祝枝山有言："身与物接而境生，心与境接而情生。"上海文庙不但是由棂星门、大成殿、明伦堂、魁星阁、万仞宫墙等建筑和景观构成的建筑群落，还是一个承载着独特精神和文化的建筑空间，一个为教化民众、兴学育人的教育场所。在重返于物的基础上，体验文庙建筑空间与人的交流，经由形式层面、意向层面和意义层面的展开，从而理解上海文庙空间教育意蕴的生成。

空间表达特定教育主题

"具现"是以有形的"物"（things）的形态呈现无形的理念、内涵、思想。"具身"借助生理体验与心理状态之间强烈的关联，通过生理体验启动心理感觉和思维认知。重返上海文庙日常，文庙是富有魅力的建筑群。泮池、泮桥、棂星门、大成殿、屋脊装饰、万仞宫墙等，都可以引发人的直观感受，如光感、温感、平衡感、距离感等体验，但短暂的生理体验很难激发"具身认知"，因为一旦离开文庙现场，这些知觉就会被立刻淡忘了。那么如何超越形式层面和短暂层面"具现"，领悟内藏其中的深层意义呢？布鲁诺·赛维在《建筑空间论：如何品评建筑》中说："建筑分析即分析其空间观念，分析在活动中所感受的内部空间构成方式"①。因而，超越文庙本体，除了超越视觉和触觉等生理知觉外，阐述文庙中的儒生或学人的体验感受就显得十分重要。

梅洛·庞蒂在《知觉现象学》中提出"建立空间与身体的关联"的观点。梅氏"开辟出了通过身体来理解空间的第三条道路"，强调辨识体验中的"主体化"和"物件化"。②文庙并非纯粹对象化的事物，相对于现象身体，文庙所展现的空间性是一种处在内在与外在、主观与客观之间的独特的身体空间。如明朝李东阳在《永宁县重修庙学记》中写下了这样的话："来游来歌，相规相劝，陶于诗书，渐以礼乐，必能体公之得意。"③在文庙空间中容易引发人们的心理效应、

上海文庙内露天石凳、石桌（图片来源：图虫创意）

① [意] 布鲁诺·赛维：《建筑空间论：如何品评建筑》，张似赞译，中国建筑工业出版社2006年版，第38页。
② 刘胜利：《身体、空间与科学：梅洛-庞蒂的空间现象学研究》，江苏人民出版社2015年版，第6页。
③ 李东阳：《永宁县重修庙学记》，见政协延庆县委会编《延庆文史资料汇编 第五辑 教育专辑》2009年，第195页。

情感关联和社会认同，以及尊卑感、神秘感、荣耀感、敬畏感，等等。

文庙空间或多或少带有主体化或人格化色彩，人在文庙建筑空间中可以体验到它所传达的教育隐喻和教化意义。如《南召县庙学记》碑文中指出："前尔庙焉，时春时秋，以祭以祀，翕然有起人心之敬；后而堂焉，或旦或夕，左揖右让，秩然有严师生之礼。"[①]理解文庙的建筑话语，感受文庙的空间主题，需要认真解读文庙建筑语码，并抓住其传达的关键。文庙空间不能抽空文化意义和教育意义，而仅仅被翻译为势态、布局、功能、结构、装饰等分析范畴。文庙是句法严格、叙事宏大的礼仪建筑，意蕴于形，透过文庙的空间势态、空间布局、空间组合、空间装饰等空间现象，体验到的是儒家天人合一的自然观、天地君亲师的伦理观。特别指出的是，文庙作为一个主题鲜明的教育场，寓意着鲤鱼跃龙门的教育期许，唯有读书高的教育评价，学而优则仕的教育目的，学而不倦的治学精神。宋人韩琦在《并州新修庙学记》言："夫庙学之新，其于为治之道，窃有志达其本者，而诸生其达学之本乎"，"今学兴矣，处吾学者，其务外勤于艺，而内志于道，一旦由兹而仕也，则思以其道为陶唐氏之臣，心陶唐乎其君，心陶唐乎其民。能如是，吾始谓之达其本。"[②]当然，体验中的"我们"也不仅仅是当下的"你""我"，还有过去千百年间在文庙各级学宫中就读与生活的莘莘学子、来来往往的文人骚客以及络绎不绝的民众百姓。

建筑空间内蕴丰富教育意涵

建筑空间的内蕴不可忽视。"孔庙不仅仅是一个单纯的物

---

① 平邢鸾：《南召县庙学记碑文》，见中国人民政治协商会议南召县委员会文史资料研究委员会编《南召文史资料 第9辑 南召览胜》1994年，第125页。
② 韩琦：《并州新修庙学记》，见《太原历史文献辑要 第3册 宋辽金元卷》，山西人民出版社2013年版，第468页。

质存在，它渗透着强烈的儒家伦理精神，中华文明特别是儒学文化的象征，为全世界的人们提供一个了解中国传统美德的直观物质环境。"①跨越学庙核心空间和形式空间延展文庙意义空间，理解文庙空间的延展和扩张有助于深化理解文庙教育的意蕴。

横向地从活动空间角度而言，文庙不但是儒生个人的学习空间，还是师徒教育交往的公共空间，也是教化民众的礼仪空间。文庙空间接邻庙学，教学和祭祀结合，可以说祭祀是文庙里的隐性课程、活动课程，对生员进行道德教育和纲常熏陶，从而可以使道德教化深入人心。李穆的《重修房县庙学记》论述称"伦理明，人才盛，风俗厚，则其为天下国家之福可济！"②文庙空间的开放性、多用途、综合性，有助于不同教育介质的渗透融合。张鹏在《泽州重修庙学记》中也感叹："青青者衿，来游来歌，叫忭跃舞，各自矜奋。殿墀有桧一、松二、柏二，其大蔽牛，皆数百年物。贮阴下庇廊庑。诸生弦诵之余，憩息树下，谈仁义，说王道，陋青紫而若污，抗贤哲以为友。其趋而之善也，如或驱之；而耻于为恶也，如或禁之。穆穆乎化邹鲁矣！"③从时间角度纵向来说，19世纪心理学大师帕格森在《物质与记忆》中认为，记忆不是纯粹的神经系统生理机制，人可以借助记忆媒介"超越空间性"而获得"时间性"。④文庙空间中"现在"的人除了立足"当下""此刻""现在"外，还可以借助思维、记忆、联想而绵延至"过去"和"未来"。⑤文庙供奉着孔子、荀子等塑像或图像、牌位，先圣与后学共在；现在的人相对于后世学人来说也是先人，存在因治学出色而被供奉的可能。徐复观在《程朱异同——平铺地人文世界与贯通地人文世界》一文中也曾讨论"先人先贤"的"临在"问题，无论

① 彭蓉：《中国孔庙研究初探》，北京林业大学博士学位论文，2008年，第38页。

② 李穆：《重修房县庙学记》，见珠海出版社2011年版，第193页。

③ 张鹏：《泽州重修庙学记》，见晋城市地方志丛书编委会编著《晋城金石志》，海潮出版社1995年版，第504页。

④ ［法］昂利·柏格森：《物质与记忆》，姚晶晶译，华夏出版社1999年版，第11页。

⑤ 冯雷：《理解空间：现代空间观念的批判与重构》，中央编译出版社2008年版，第37—38页。

是"临在""被临在"还是"共在",都说明了文庙时空的延展。①

文庙空间里既有澄清的教育教化,又有遮蔽的教育期许。在文庙空间势态上,在藏风得水、韵律起伏这一点上更多感受到儒道互补的灵动。文庙风水厌胜,庙学接邻不是隔绝、孤立的空间表达形式,可以与大时代背景下的社会、思想、文化、习俗等结合起来,有同构性。也就是说,文庙空间与封建社会的文教政策,甚至与中国士阶层的精神空间、儒家大同世界都存在着不同程度的、微妙的同构性。举一个对比性较强的例子,中国文庙与希腊神庙、基督教堂等西方传统建筑有本质性不同——文庙建筑是开放的人性空间而非神性空间,文庙不但祭祀先贤先儒,也容纳学者儒生,文庙空间中"祖先""子孙""先师""弟子"共在。文庙空间不是为了寻找一种终极意义的生命阐释和表达至高意义的宗教寄托,二元对立思维在此地不是主流,治学也不是儒家教育的单一和终极目的,君子更应修身、齐家、治国、平天下。《重修汉阳府庙学记》有文:"诸士学古修文,饬躬端本。以一身而计天下身,以一时而计万世,何其大远也?"②这样一来,文庙的教育内涵得到极大丰富,在此基础上,它相对于中国传统思想文化和社会政治的这种同构性,又使文庙远远超越狭义的教育育人的局限,而兼容广泛的内涵,管窥"一沙一世界"的博大。因此,研究文庙空间是研究中国古代教育、社会、思想的一个非常有价值且被长期忽视的切入点和问题域。

建筑空间彰显崇高教育精神

海德格尔曾提出"定居"(dwelling)的概念,这一概念

① 徐复观:《徐复观文集》第二卷,江苏人民出版社2009年版,第300页。
② 湖北人民政府文史研究馆、湖北省博物馆整理:《湖北文徵》第1卷,湖北人民出版社2004年版,第331页。

被建筑现象学研究频繁引用，甚至启发了挪威建筑理论家诺伯·舒兹的"存在立足点"和"场所精神"学说，这在诺伯的《场所精神：迈向建筑现象学》一书的序言中已有说明。诺伯·舒兹将建筑视为"场所精神的形象化"，人可以借助"有意义的场所精神"而获得"定居"。[①]

"定居"不只是建筑营造，还是人的生存方式。[②]李国钧在《中国书院史》中写道，宣圣庙是汉族民众世世代代尊奉的精神支柱，那么州县学是士子儒生的现实支柱，是实现儒家兼济天下之志的起点，更代表着中国文化传统的承续。文庙的"定居"是治学求学的儒生们将文庙建筑理解为一种与自身有共同立足点的生活和存在方式，从而获取认同感。县学生员或府学生员是儒生们最鲜明的身份标志，他们在文庙获得了接受教育的机会，也寻找到了契合自身教育追求的庇护和归属，随着学业精进而被悦纳，置身其中如鱼游于水，身心自如却浑然不觉。

无条件、无场所的行为是不存在的，人在社会参与中进入意义世界。[③]文庙建筑以具象手段将中国封建社会儒家教育生活的图式表达出来，成为一个具有"筑以载道"意义的教育世界，以"场所"传达着儒家教育的精神。龚懋贤在《重修汉中府庙学记》中这样描写："望先师而教，以愿学孔子也；步两庑而教，以思齐群贤也。守当代之名言，则教以敬，一治其心也；应科第之旁求，则教以道德有于身也。教之以羲、轩以下诸圣，为必可师而绳武也；教之以横渠、载之以上诸贤，为必可友而比肩也。必如是教，而后可以为学。"[④]文庙为生徒的教育活动提供行为场所，并与之建立精神交往和精神联系。例如，文庙鲤鱼跃龙门的雕刻装饰、半月形的泮池、肃穆的状元桥、威严的万仞宫墙等，都诱发着

① [挪]诺伯·舒兹：《场所精神：迈向建筑现象学》，施植明译，华中科技大学出版社2010年版，第3页。
② 邓波：《海德格尔的建筑哲学及其启示》，载《自然辩证法研究》2003年第12期。
③ 刘永德：《建筑空间的形态·结构·涵义·组合》，天津科学技术出版社1998年版，第11页。
④ 龚懋贤：《重修庙学记》，见严如煜主修、郭鹏校勘《嘉庆汉中府志校勘》下，三秦出版社2012年版，第896页。

学而不倦的学习动机。文庙始终是一个向儒生传达锐意进取精神的教化场所，塑造着他们的意志、追求。理解文庙的场所精神并不需要高度的抽象思维能力，而是在潜移默化中塑造，在精神向度上契合，在情感要求中回归。

随着现代社会信息化、科学化的发展和实用主义、技术主义的膨胀，教育意蕴在教育建筑空间的设计规划中似乎正在消解。越来越多的学校建筑忽视学生体验和教育意蕴，沦为基本办学条件层面的衍生物，或超标豪华建设，或样式趋同，或胡搭乱建。因此，今天更有必要重新审视文庙空间建筑及其蕴含的教育意蕴。尽管文庙建筑已成为远去的封建社会儒家教育的"博物馆"，早已不能适用于当前形势下的学校教育，但作为一种重要的传统建筑类型，至少体现了其基本的教育意蕴，对今天的教育建筑规划有一定的启迪意义。①

① 邓凌雁：《空间与教化：文庙空间现象及其教育意蕴的生成》，载《河南大学学报（社会科学版）》2017年第5期。

上海文庙的文化及传承

碑刻文化
书画艺术
茶壶艺术
书籍文化

上海文庙是承载传统文化的鲜明物质载体，它不仅仅是一座矗立于世的古建筑群，其中也收藏了大量的儒家典籍、碑刻、书画以及陶瓷艺术品。延续上海文庙的文化传承，关键有两个：一是整理、保护和修复文庙的碑刻、建筑、典籍、雕刻等文化遗存，二是在新的历史形势下依托文庙的独特文化内涵，与时俱进地利用好上海文庙这一教育与文化资源。

碑刻文化

历代中央和地方政府都重视文庙的修葺和保护，上海文庙的修建和重修是一县之大事，往往由当地文化名人或教谕等人书写记录成文，并雕刻在石碑上竖立于文庙内，成为历史传承的见证。时过境迁，上海文庙很多石碑虽然已不复存在，但依然可以从历代方志所收录的诸多碑记中窥见一斑。

《唐时措记》

元朝上海县学教谕唐时措曾著《上海公署记》，该文记录在明朝弘治《上海志》第5卷《建设志》中。《上海公署记》记载了上海设县和建公署的过程，内容翔实，描写生动。"上海县襟海带江。舟车辏集，故昔有市舶，有榷场，有酒库，有军隘、官署、儒塾、佛仙宫馆、氓廛贾肆，鳞次而栉比，实华亭东北一巨镇也。至元壬辰春，圣天子以华亭地大，民众难理，命分高昌、长人、北亭、海隅、新江五乡，凡二十六保立县，上海因以名，隶松江府，从参政冀公之请也。"①在上海原以"榷场厅宇"作为镇守上海的总管府，大德年间迁址重建，新建的上海县治公署由上海县的富裕士绅捐资，并未耗费公藏和民力。在新县治登临高阁，可"东望沪渎招沙鸥水禽，北望吴江邀溪翁钓友，西望机山而呼石上之云，南望昆山而接岩顶之月"，景色绝佳。唐时措受托而做此文，文章"来谒记于学"。

《元贞元年建学记》

明朝弘治《上海志》中，录有松江知府张之翰所撰写的《县学记》，记述了元朝初年上海县学文庙的创建过程，特别是营建始末。"上海旧为镇，尝像先圣先师于梓潼祠，又有古修堂为诸生肄习之地。"县学文庙主要由乡贵费拱辰出资修建，"饰正殿，完讲堂，买邻地而起斋舍。不三阅月，沉沉翼翼，如至邹鲁之间，游洙泗之上矣。"在周汝楫、唐时措、朱思诚、费拱辰等人支持下，上海庙学焕然一新。文庙修建好后，张之翰感慨："道不可一日废，教亦不可一日废，上洋襟江带海，生齿十数万，号东南壮县，今庙学一新，将见选师儒、聚生徒，闻弦诵之音，睹乡饮酒之仪，化蕃商为逢掖，易帆樯为笔砚，其或礼义不行，人才不出，狱讼不稀，盗贼不息，余不信已。"周汝楫、唐时措等人担心随着时间的流转而淡忘礼仪教化，"恨己志之难伸，恐人善之将泯，求予文以纪其成"②，于是在文庙刻石记下这一过程，并对上海县诸君提出希望——文庙的修缮完备不可以懈怠，如有损毁应及时修葺。

① 唐时措：《上海公署记》，见郭经、唐锦等纂弘治《上海志》卷5《建设志》，明弘治十七年刊本。
② 张之翰：《元贞元年建学记》，见郭经、唐锦等纂弘治《上海志》卷5《建设志》，明弘治十七年刊本。

《上海县籍进士名录》

行走在上海文庙古色古香的回廊，可以看到回廊内侧墙壁中镶嵌的一块块石碑，上面题着"进士碑廊——上海县籍进士名录"，青麻颜色的石头之上刻着二百七十九名上海县籍进士的名字。

清光绪三十一年（1905年），清政府下诏废除科举，停止乡试、会试及岁科考试。这是中国教育史上具有标志性意义的一件大事，意味着一个旧的教育时代的终结。在这样一个时间点，上海县汇集人力，对本县历朝历代科举考取进士者进行了统计。

据进士碑廊的文字记载，从元朝至治元年（1321年）到清朝光绪二十九年（1903年），上海县共登进士二百七十九名。上海县在我国封建社会时期，不过是一个地域狭小的基层行政单位，但在这片并不辽阔也不富饶，且时常水患潮侵的河岸浦地，能涌现出近三百位进士，可见上海县旧时的文昌之兴隆。现存这一排刻有二百七十九名进士名单的石碑，是由一位叫谈意道的人在1999年6月捐赠的。当时的上海市南市区文物管理委员会将其竖立于此，并搭建碑廊。

新时期上海文庙"旧庙新用"，在文化传承方面起到了良好的示范作用。今天的文庙东西两庑和大成殿后的崇圣祠，已经改造成为收藏书画作品的周慧珺书法艺术馆，该馆于

周慧珺书法艺术馆

2016年10月15日在上海文庙落成开馆。艺术馆馆名由全国人大常委会原委员长吴邦国题写。艺术馆由崇圣殿及东西庑廊三部分组成，陈列了周先生无偿捐赠给上海文庙管理处的百余幅作品，囊括对联、斗方、横批、手卷、中堂、条幅、长卷及扇面等各种形式，反映了周慧珺女士不同时期的书法创作风貌。

文化传承，不是要敝帚自珍、故步自封，而是根据新的历史发展要求，顺应潮流，加以变通。东西两庑和崇圣祠曾经是供奉儒家先贤塑像或画像的地方，上海文庙将这三处作为书法展示馆，有益于提高场馆的利用率，为书法爱好者提供了一览大师佳作的场所，使广大市民和游客能进一步领略周慧珺作为当代海派书法领军人物的艺术魅力，提升上海书法的整体水平，推动海派书法不断走向繁荣。与此同时，周慧珺书法艺术馆作为海派书法的一张名片，拓展了上海文庙的文化内涵，是新时代新形势下传承优秀传统文化的一种措施。

茶壶艺术

　　上海文庙内的尧缔茶壶博物馆设在儒学署内，陈列着旅美华侨陈亦尧先生捐赠的中国历代茶壶400余件。这些珍贵的茶壶涵盖了宋朝五大名窑以及不同地方不同窑口风格的茶壶。茶壶千姿百态，琳琅满目，让人领略到中国传统陶瓷技艺的精湛和茶文化的博大精深。

尧缔茶壶博物馆
所藏茶壶

书籍文化

在20世纪90年代，上海文庙在每周星期天举办一次旧书交易，上海文庙旧书市场逐步成为上海最重要的旧书集散中心，同时也成为上海人的淘书乐园。

1993年，在上海市民的提议下，上海开办起像法国塞纳河边十里书市一样的旧书集市，地点就选择在上海文庙大成殿殿前东西两庑之间的空地，被称为"上海文庙书刊交易市场"。上海文庙书市在每周周日的7：30—16：00举行，从大成门到大成殿前的院落，是整个旧书市场的全部场地。上海文庙旧书集市受到群众的欢迎，被赞誉为"沪上淘书乐园"。

后来随着书市规模的扩大，上海市政府在文庙东北部沿梦花街、学宫街处，建造了一条一至三层楼的仿清式街坊，与文庙主体建筑相匹配，建筑面积3130平方米，将原在大成殿、东西庑殿内的"文庙书刊交易市场"迁往该处。

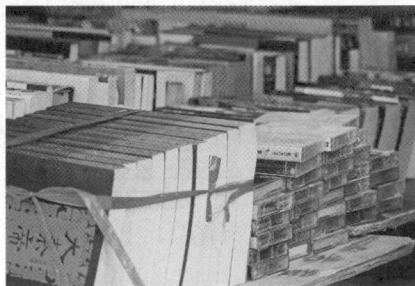

上海文庙书市所售图书（图片来源：图虫创意）

08>

上海文庙人物

关于『上海状元』的澄清

官员

儒师

乡贤

物华天宝，人杰地灵。文化昌明、教育兴盛之地，多出一代代文人骚客、风流名士。上海地处江南，自元朝上海县建立后，逐渐发展成为我国东南沿海的重要区域。要研究上海文庙的历史，少不了研究与上海文庙相关的人物。从1294年上海县学文庙初建，到1855年上海文庙毁于小刀会起义战火，这五百多年间，上海文庙"道德齐礼""教养即分，师儒充位"。这些曾为上海文庙作出贡献的名流、官员、儒师、乡贤，都是难能可贵的人才，是值得铭记和颂扬的。

关于『上海状元』的澄清

在介绍上海文庙相关人物之前，须先做一个关于"上海（现上海市辖域）状元"和"上海县状元"之间的澄清。

笔者认为，上海状元的认定需要注意如下三个方面。一是从时间段上进行限制，时间从1294年上海县学文庙设立到1905年科举制废除。二是从行政区划角度，范围应在古代上海县的县域内。三是从科举考试的学籍角度，晋身进士前是以上海县学文庙生员的身份参加乡试考中举人，或者通过上海县学文庙向上级官学拔贡，入松江府学或国子监。

首先，上海状元的认定，必须将其限定在特定时间段内。上海状元的时间上限是上海县学文庙成立的时间点，即1294年。至元二十八年（1291年）朝廷核准松江知府的奏请，设立上海县，至元三十一年（1294年），首任上海县尹周汝楫到任。上海县志中记载"上海镇为县之三年始有学"①。周汝楫到任后在原镇学基础上扩建县学，1294年，在县署东临初建上海县学文庙。上海状元认定的时间下限是科举制废除的1905年。清末许多有识之士发出科举制度非改不可的呐

① 应宝时修，俞樾等纂：同治《上海县志》卷9《学校》，清同治十一年刻本。

喊，袁世凯、赵尔巽、张之洞等上呈《会奏请立停科举推广学校折暨清帝谕立停科举以广学校》，建议停止科举考试，适应时代要求发展新式教育。1905年9月2日，清政府发布光绪帝的上谕："著即自丙午科为始，所有乡会试一律停止，各省岁科考试亦即停止"，明确规定立即废除科举，在中国延续了一千三百多年的科举制正式废除。

其次，从历史地理学角度上讲，上海县与上海市有很大的区别，上海市并非由上海县扩展或升格而来。相对而言，上海市比古代松江府的面积还要大，也可以说是由松江府的行政区域扩展变化而来的。在历史上很长一段时间内，上海县与嘉定县、宝山县、松江县、奉贤县、南汇县、青浦县、崇明县、金山县、川沙县、娄县、华亭县等平级。从古（1291年上海县设立）至今（1992年上海县撤销）上海县行政范围一直都不大。元初，上海升格为县，上海县面积仅约2000平方公里，包括划华亭县东北境长人、高昌、北亭、新江、海隅五乡二十六保，县域约今吴淞江故道以南市区、青浦区大部、闵行区大部、浦东新区大部。

正德《松江府志》中记载明朝中期松江府东西一百六十里，南北一百七十三里，下辖华亭县和上海县，上海县永乐年间人口有十一万。[1]其后松江府版图持续扩展，嘉庆《松江府志·图经·建置图》中记载，清嘉庆时期，松江府下辖华亭县、娄县、奉贤县、金山县、上海县、南汇县、川沙抚民厅（后称川沙县）、青浦县以及乡保市镇。[2]其中，"上海县在府东北，县治当浦东、吴淞江合流处……其境北搂宝山，东则沿海……"[3]直到1927年7月7日，设上海特别市，上海县治所在的南市连同宝山县共十七市乡划归上海特别市，分出江

① 顾清修：正德《松江府志》，明正德七年刊本。
② 宋如林等修，孙衍星等纂：嘉庆《松江府志·图经》，清嘉庆二十二年刻本。
③ 宋如林等修，孙衍星等纂：嘉庆《松江府志·上海县全景图》，清嘉庆二十二年刻本。

苏省，其余仍属于上海县。1958年1月17日，上海县由江苏省划入上海市，江苏省的上海县、嘉定县、宝山县被划归上海市管辖。1992年上海撤县，上海县与闵行区合并成立新的闵行区，上海县不复存在。上海地区的很多状元是金山人、华亭人和嘉定人。例如，弘治年间状元松江人钱福、康熙年间状元金山卫人戴有祺、万历年间状元华亭人唐文献等十多位状元，都不是上海县籍进士。

最后，上海县状元的认定，只有严格地从教育史角度才能讲得通。"上海状元"，狭义上指籍贯为松江府上海县的儒生，入上海县学，或后来由县学拔入松江府学、国子监，再考得举人、进士、状元。清朝沿袭明朝的科举制，考试亦分为乡试、会试和殿试三级，规制略有改动。

关于上海状元之说，一个名叫戴有祺的人显得很有趣。他原生活在上海县，住在泾泗镇，后迁到县城老西门外，再后来举家迁到金山卫，并在金山卫读书和应考。康熙三十年（1691年），戴有祺以金山籍应考，参加殿试，科考官拟定第一名吴昺，第二名戴有祺，第三名杨中纳。康熙帝认为戴有祺写有一手好书法，遂定之为一甲一名。戴有祺中了状元，授职翰林院修撰，掌修国史。之后不久，戴有祺告假回乡服丧。康熙四十一年（1702年），戴有祺被降职为候补知县，但他不肯赴任，于是辞官离京，归乡隐居，再不复出。戴有祺辞官返乡后，著有《慵斋文集》《寻乐斋诗集》等。戴有祺科举考试时已移居金山，借籍金山卫，由此判定，戴有祺并不属于严格意义的上海状元。

在人身关系固着在户籍的传统社会，科举考试需登录籍贯，上海县籍进士和上海状元最终应从学籍意义上理解，即应考过程中归属地为上海县，不能因后世行政区划的变更而混淆。从历史地理学和教育史的角度而言，上海县没有状元，因戴有祺、唐文献、秦大成等人学籍和上海县学文庙没有关系，他们不是上海县人，从未在上海文庙就读，也不是以上海县籍生员身份应考，因而不能算作上海县籍状元。

官员

陆贽

　　陆贽（754—805），字敬舆，苏州嘉兴（今浙江嘉兴）人。唐朝政治家、文学家、政论家，为溧阳县令陆侃第九子，人称"陆九"。陆贽年少出众，才华横溢，学识俱佳，他十八岁登进士，中博学宏辞科，曾担任监察御史、翰林大学士、兵部侍郎，死后被追授兵部尚书。"泾原兵变"曾随德宗出逃奉天，起草诏书，后受人诬陷被贬。陆贽为中唐贤相，其学养才能、品德风范深得当时及后世称赞。苏轼认为他有"王佐""帝师"之才，文辩智术超过西汉谋臣张良。陆贽工诗文，尤长于制诰政论。所作奏议，多用排偶，条理精密，文笔流畅。同治《上海县志》记载陆贽去世后，便被"宣祀乡贤"，后来清朝道光年间又被"从祀文庙"。

赵孟頫

赵孟頫（1254—1322），字子昂，吴兴（今浙江湖州）人，宋末元初著名书画家。"宋亡为黄冠后人，释皈依中峰和尚与郡城本一禅院……以故孟頫往来，南禅普照"①。赵孟頫一生历宋元之变，仕隐两兼，宋亡后郁郁不得志而对佛教产生浓厚兴趣，号松雪道人。元贞元年（1295年），在元世祖去世后，赵孟頫被元朝政府召去元大都修《世祖实录》。延祐六年（1319年）四月，因夫人病重，赵孟頫借机乞归，得旨离开大都。大德三年（1299年），被任命为集贤直学士与江浙等处儒学提举。

作为儒学提举，赵孟頫对上海地区文教事业有监管职责，他曾在上海县留下许多手迹，如《铁佛寺》碑文、《前赤壁赋》石刻。②大德九年（1305年），大书画家赵孟頫以江浙

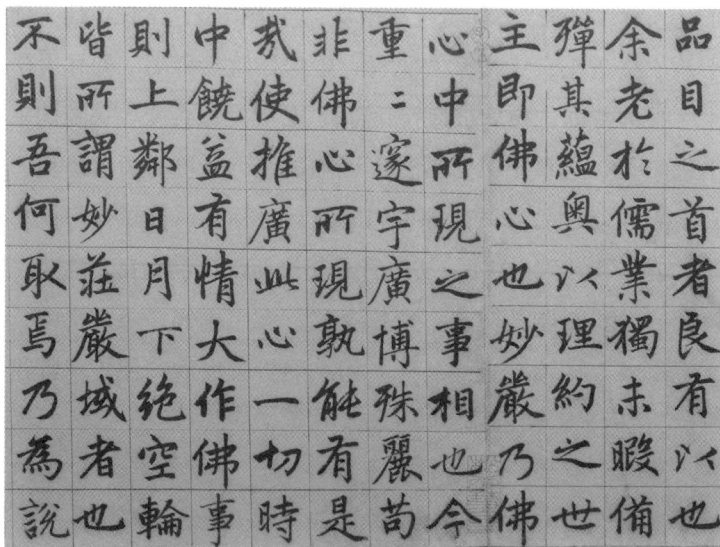

上海博物馆藏赵孟頫作品

① 应宝时修，俞樾等纂：同治《上海县志》卷23《游寓》，清同治十一年刻本。
② 根据同治《上海县志》记载，元朝初年上海南汇报恩寺掘地出土铁佛，乡绅瞿霆发瞿震发兄弟邀请赵孟頫写《铁佛寺》碑文；曾经永宁寺有赵孟頫的手书《前赤壁赋》碑刻。然而世事变迁，《铁佛寺》《前赤壁赋》《上海县修学记》等石刻都没有保存下来。

等处儒学提举的身份，为下辖的上海县新修文庙题写了一篇
《上海县修学记》，并被后世收入同治《上海县志》。他在这
篇修学记中回顾了1291年上海建县以后，费拱辰出资将梓潼
祠改为县学，其后府判张君纪、县丞范君天祯、县伊辛君思
先后倡议并出资修学，才让上海文庙有了当时"前通泮水，
施桥其中，复古学宫之制"[1]的崭新样貌。

徐光启

徐光启（1562—1633），字子先，号玄扈，上海县法华
汇（今上海市）人，明朝著名科学家、政治家、农学家，是
中外文化交流史上的重要人物。明万历时期，徐光启考中进
士，毕生致力于数学、天文、历法、水利等方面的研究，勤
奋著述，尤精晓农学，翻译、编译、编著有《几何原本》《泰
西水法》《崇祯历书》《农政全书》等多部著作。徐光启官至
崇祯朝礼部尚书兼文渊阁大学士、内阁次辅，同时他还是一
位沟通中西文化的先行者，为17世纪中西文化交流和中国古
代科技的进步作出了重要贡献。上海市为了纪念徐光启，将
法华汇改名为徐家汇。据同治《上海县志》记载，徐光启官
至礼部尚书，曾为家乡的上海文庙明伦堂题名匾。[2]

秦裕伯

秦裕伯，字惟镜、景容，号蓉斋，元明之际松江府上海
县人。秦裕伯是北宋著名词人秦观的后代。秦裕伯住上海县
名刹长寿寺旁，家学深厚，一心苦读圣贤书二十载。元至正
四年（1344年），四十九岁的秦裕伯考中进士，历官湖广行省

① 赵孟頫：《上海县修学记》，见
应宝时修、俞樾等纂同治《上海
县志》卷9《学校》，清同治十一
年刻本。
②《明伦堂题名匾》，见应宝时
修、俞樾等纂同治《上海县志》卷
9《学校》，清同治十一年刻本。

照磨、山东高密县县尹、福建行省郎中、延平路总管兼管内劝农事、行台侍御史。元末弃官返乡，明太祖朱元璋多次发出聘裕伯公御书。秦裕伯秉承"忠臣不侍二主"的思想，且母亲刚刚去世他需按礼制丁忧三载，婉言拒绝了朱元璋的征召。朱元璋一次又一次征召，第三次秦裕伯才勉强上任，不久便借口高龄多病告老回乡。洪武六年（1373年），七十八岁的秦裕伯病逝于长寿寺旁的家中。殁后，朱元璋说"生不为我臣，死当卫我土"，封他为"上海邑城隍正堂"，也就是俗称的"城隍老爷"。

周汝楫

周汝楫是上海县的首任县尹。至元二十八年（1291年），朝廷核准松江知府张翰文的奏请，将华亭县东北境长人、高昌、北亭、新江、海隅五乡二十六保地置上海县。根据中国封建时期的相关制度，由镇升格为县后，除建造县衙门，还须修建相应等级和规模的城隍庙和文庙，上海县首任县尹周汝楫一到任，便在文昌祠和古修堂的前期基础上，日益增扩，着手创建上海县学文庙，即"上海镇为县之三年始有学"①。

① 应宝时修，俞樾等纂：同治《上海县志》卷9《学校》，清同治十一年刻本。

儒师

"经师易得，人师难求，自古憾之"，康熙《上海县志》收录了上海县历代"治状洵美有实效者"，从名录上看，他们大部分是有学识、有政绩的、品行方正的教谕、训导，而且都与上海文庙有着非常密切的关系。①

唐时措

唐时措，宋元之际上海县本地人。"家饶而于赀而好善，嗜学，能古文"，自幼家境富裕，乐善好施，嗜学如命，颇有才华。当时的上海镇没有学校，唐时拱和唐时措两兄弟在方浜长生桥附近购得韩氏的房屋，将韩氏民宅改建为文昌祠，并挂孔子画像于祠中。在当地官府和士绅的支持下，文昌祠和古修堂相继建成，这就是最初的上海镇学。唐时措建立上海镇学的事迹在同治《上海县志》中也有记载："县学旧在县署东，初为镇学。宋景定中，唐时措市韩氏屋，立文昌宫，请于监镇建古修堂，为诸生肄业所。"②上海镇学是上海县学文

① 史彩修，叶映榴等纂：康熙《上海县志》卷8《历官志·官师表》，清同治十一年刻本。
② 应宝时修，俞樾等纂：同治《上海县志》卷9《学校》，清同治十一年刻本。

庙前身，1294年上海县学文庙建立后，唐时措继续担任教谕。

顾彧

顾彧在明朝洪武年间任上海文庙的训导，后升任户部侍郎。据现存诸多县志中的文字记载，顾彧编著有洪武《上海县志》，但其久佚不传，现今只闻其名，而没有见过真实版本。洪武六年（1373年），顾彧在任职文庙训导期间写有《图籍记略》，记载了上海文庙一步一步"大其基址，崇广其殿宇，加敞其屋"[1]的过程。顾彧是一位高产的诗人和词人，留下了很多诗词，如《海上竹枝词》《塞上曲》《沪渎垒》等。他的诗词大都描绘上海的历史与风土，带有鲜明的本土地域特色。"江迥原野阔，海翻波涛起。征客期门归，吊古沪渎水。平畴麦草青，涩土箭镞紫。月黑动北风，塞雁声在水。"[2]顾彧的竹枝词《沪渎垒》描写了上海地区特有的带有历史沧桑的江河入海景色。宋时已经沉入江水的沪渎垒，在明代依然受到上海百姓的凭吊。顾彧的这首竹枝词意蕴深厚，内涵丰富。

徐常吉

徐常吉是明朝常州府武进人，字士彰，万历年间曾任上海文庙教谕，后来考中进士。康熙《上海县志》记载"上海署教登第自常吉始"，徐常吉是第一位考中进士的上海文庙教谕，开上海文庙教官登科的先河。"万历初署上海教育，以师道自任，凡所鉴拔多至通显"，徐常吉在担任上海文庙教谕期间向上举荐、拔贡的上海文庙生员一般都有出色表现。徐常

[1] 顾彧：《洪武六年训导顾彧图籍记略》，见应宝时修、俞樾等纂同治《上海县志》卷9《学校》，清同治十一年刻本。
[2] 顾彧：《沪渎垒》，载"古诗之网"。

吉严守师道，淡泊名利，狷介轻狂，以清廉闻。县志记载曾有人以千金相赠，但是徐常吉谢不收受，"常吉曰多财多患，以田宅婚仆致狱讼杀身者众亦"[①]。万历十一年（1583年）徐常吉考中进士，除中书舍人，擢户部给事中，后迁升浙江按察佥事，未任卒。徐常吉在担任户部给事中期间，曾为受污蔑的海瑞抗辩，并弹劾贪官房寰。海瑞疾恶如仇，引起朝中恶势力的震颤和怀恨。早具贪声并侵占民地的南京督学御史房寰唯恐自己的贪污事实被揭发，乃先发制人，编织"大奸极诈，欺世盗名，诬圣自贤，损君辱国"十六字罪名弹劾海瑞。户部给事中徐常吉、张鼎思及在吏部办事之进士顾允成、诸寿贤、彭遵古见事不公，即上疏弹劾房寰。海瑞心灰意冷，上疏请示告老还乡。经过吏部给事中张鼎思、户部给事中徐常吉的坚决斗争，万历皇帝终于罢免贪赃和造谣欺罔的房寰，使海瑞不致因诬告受害。徐常吉一生学问渊博，酷爱读书且著书甚多，传世有《毛诗翼说》《六经类雅》《诸家要旨》《遗经四解》《事词类奇》《毛诗翼说》《广谐史》《古今医家经论汇编》等。

---

① 史彩修，叶映榴等纂：康熙《上海县志》卷8《宦绩》，清康熙二十二年刻本。

乡
贤

中国传统社会中，乡绅、乡贤是维护社会安定和推动教育发展的一支重要力量。上海县的瞿霆发等士绅阶层秉持传承教育文化的历史责任，积极筹措文庙修建经费，参与修建活动的组织，为上海县学文庙的发展作出了独特贡献。

瞿霆发

瞿霆发，字声父，祖籍河南开封，宋室南渡后，移居下沙。瞿霆发"幼颖悟"，小时候聪明好学，长大后瞿霆发成为上海县资金雄厚的富裕乡绅，"乐善好士"为人慷慨，深得朝野人士和乡里父老的赞誉。[①]瞿霆发二十六岁那年，元兵驻军临安，一支巡逻、突击的骑兵兵临下沙，瞿霆发率众主动归附元军，保得一方安宁。元朝建立后，瞿霆发被任命为下沙盐场副使。至正初年，一年夏季，东海海潮侵坏下沙场的盐场。瞿霆发倾尽全力进行救助，对受灾盐民施赈救灾，遂家园恢复生产。元仁宗皇帝想召见瞿霆发，授之以集贤殿学士

① 郑洛书，高企纂：嘉靖《上海县志》卷5《人物》，明嘉靖三年刻本。

之高官。瞿霆发避不敢当，只得升任中顺大夫、两浙都运转盐使。

瞿霆发为地方教育事业发展作出了巨大的贡献，如曾建立鹤沙义塾，其师生待遇不输州学、县学；还曾"割田以资"西湖书院、上海县学。上海文庙一开始在县署东，元至大三年（1310年），学宫面积狭小且设备简陋，学田七顷中两顷已经荒芜。瞿霆发便出资购买肇家浜（今复兴东路）北岸民田五百亩给县学，又捐出部分钱财作为"建学费"，得到县治之西的十五亩官地，以此另建学宫庙于县西。同治《上海县志》对"瞿霆发助田"有简要记载："至大三年，瞿霆发助田，请移建与县治之西。"①

---

① 应宝时修，俞樾等纂：同治《上海县志》卷9《学校》，清同治十一年刻本。

09>

上海文庙的定位及影响

开放新平台：创办官网和微信公众号

承办新活动：举办各类文化活动和展览

重构新文脉：承办学术会议反思儒学

在漫长的封建社会时期，庙学合一的上海文庙既是祭祀场所又是教育场所，一方面它是上海县秀才为科举考试做准备的习业场所，另一方面又是祭祀孔子和先贤乡贤的地方。这样的双重定位就意味着，文庙长期以来承担着科举教育和社会教化的双重使命，发挥着教育教化的影响。然而，随着晚清科举制的废除和封建王朝的崩溃，这样传统定位已经被历史潮流淘汰。在新时代，上海文庙与时俱进、多元化发展，呈现出社会框架所赋予的新表征。上海文庙正在展现着新定义和新风貌，成为上海的新文脉。

开放新平台：
创办官网和
微信公众号

新时期上海文庙越来越走向包容开放。上海文庙近些年来不仅作为景点向市民开放，而且创办了官方网站和微信公众号，更加及时、便捷地传播文庙活动信息，有利于上海文庙在新媒体的帮助下更好地服务于市民群众，弘扬优秀传统文化。

作为景区向民众开放

如何合理定位上海文庙和如何最大程度利用上海文庙产生积极的社会文化影响，一直是上海百姓关心的问题。民国初期就有人曾提出全面革新和开放利用上海文庙的设想。例如1913年《申报》上刊登了一篇《修葺孔庙之建议案》，建议将文庙整修后对民众完全开放，以发挥其最大价值："至修理完竣后，宜于星期休沐，或国庆及地方纪念等日，均宜洞赠重门，俾各校教员学生聚集其中，以为休憩之所。庶于放假游观之际，隐寓亲炙信仰之心。并宜以尊经阁为图书馆，土

上海文庙俏舞表演（图片来源："上海文庙"微信公众号）

地祠做读报室，明伦堂为婚场。"①由此可见，民众希望最大程度上开放上海文庙并善加利用。

上海文庙如今已经是上海市文物保护单位，作为旅游景点对游客开放，有助于文庙在新的历史条件下更好发挥其价值和功能。然而就目前全国范围内文庙的开发利用情况来看，"大多数只被当作旅游景点进行营利活动"②。诚然，旅游景点是文庙利用的途径之一，但是文庙除商业价值、历史价值、美学价值、旅游价值之外，不能忽视的是其文化价值和教育价值，否则凸显不出文庙作为"教育文物"的特殊性，未能体现它千百年沉淀的文化和教育内涵。上海文庙也应发挥自身的教育特色，在景区中结合自身特色开展传统文化教育。

---

① 佚名：《修葺孔庙之建议案》，载《申报》1913年10月24日。

② 广少奎：《斯文在兹，教化之要——论文庙的历史沿革、功能梳辨及复兴之思》，载《河南大学学报（社会科学版）》2017年第5期。

作为资讯平台建立网站和微信公众号

上海文庙的开放，不仅仅是实体空间的开放，更是资讯获取途径的开放。上海文庙结合新的文化需求和微信、博客等信息传播管道，创造性赋予文庙新的时代定位和现代表达形式。上海文庙以弘扬儒学文化为主线，着力强化"文物保护管理、品牌活动塑造、城区文化内涵挖掘"三个方面，积极拓展"文物保护与展示利用、海派文化体验交流、传统庆典演绎、文脉传承研究、爱国主义教育基地"的服务功能和社会影响。

2018年5月4日，"上海文庙"微信公众号上线，上海文庙管理处在已有官方网站的基础上，新增了手机移动终端信息传播管道，以实现与传统文化爱好者的互动与交流。

订阅微信公众号、浏览推送消息，已经成为人们的生活方式和学习方式。"上海文庙"微信公众号平台有"走进文庙""文化活动""文庙官网"三项："走进文庙"设有文庙简介和最新的文庙动态；"文化活动"部分设有"活动回顾""活动报名""问卷调查""每日修身"四个选项，是与观众互动交流的平台；"文庙官网"可以点击进入上海文庙官方网站。

"上海文庙"公众号不仅仅是展示文庙相关文娱活动信息的及时渠道，通过微信端口的"微阅读"，同时为民众提供了新的学习方式。与时俱进的微信开放平台让民众有了更便捷的访问体验、更迅速的联系渠道和更高的参与热情。与此同时，微信平台上的上海文庙相关新闻资讯和活动信息的传播也取得了更显著更广泛的社会影响。

为了继承和弘扬中华优秀传统文化，上海文庙开设了孔子文化周、文庙讲堂等丰富多彩的文化活动与展览。

孔子文化周

为了继承和弘扬中华优秀传统文化，弘扬孔子及其倡导的儒家文化，上海文庙定期举办孔子文化周。2018年9月，上海文庙管理处联合黄浦区文化局、上海老城厢书画会、上海市敬业初级中学、黄浦区卢湾一中心小学、黄浦区梅溪小学、黄浦区回民小学，在上海文庙举办孔子文化周系列主题活动。文化周邀请了孔子后裔、沪上书画家、国学爱好者、外籍传统文化爱好者和黄浦区中小学学生等前来参加。文化周持续两周，除在9月28日举办隆重的开幕仪式外，期间还举办了"到孔子家上学——沉浸式阅读派对""扇面书画精品展""文庙讲堂：上海老城厢的前世今生"等活动与展览。孔子文化周在开学季为全市学子送上了丰富的精神盛宴，同时突显了上海文庙深厚的

孔子文化周开幕式
（图片来源："上海文庙"微信公众号）

孔子文化周开幕式上的武术表演
（图片来源："上海文庙"微信公众号）

历史文化和独特的人文气息。

文庙讲堂

　　文庙讲堂是上海文庙的一项常规活动。文庙讲堂由黄浦区委统战部、区侨办、侨联、区文化局指导，老西门街道、黄浦海燕博客公益发展中心、上海文庙管理处主办，东方雅集，海带读书会协办，旨在为喜好国学，热爱生活的朋友们提供交流的平台，短时间内得到了沪上一批国学社团、上海高校人文学科知名学者和传统文化爱好者的支持，并逐渐在上海文化圈中产生一定的影响。

　　2014年9月24日，文庙讲堂首场讲座《"阳之子"：文字中的时间与生命》面向三十余位人士开讲。主讲人田再农先生以生动的案例、形象的图画讲述了象形文字和太阳之间的不解之缘，让观众更直观地了解了中国文字的演变。此后文庙讲堂开设一系列讲座，如《精读〈西游记〉》《易读红楼》《三国群英之创业史》《易说三代文物中的精神追求》《匠者

文庙讲堂（图片来源："上海文庙"微信公众号）

初心论坛》《老子之天赋自然》《孔子家语》《智慧时代与传统文化》。除此之外，讲堂还举办丰富多彩的相声表演和体验活动，如"镜头下的东方美学""东方插花艺术""香道初探""我的古典书房"等。文庙讲堂组织线下活动有几百期之多，参与者达上万人次，在线传播更是影响广泛。上海文庙的内涵愈加丰富，也更贴近广大群众，可谓传统文庙的当代创新性发展。

市民体验活动

为丰富市民生活，上海文庙近年来组织了丰富多彩的市民体验活动，如"月饼DIY制作活动""五谷画制作体验活动""黏土制作体验活动""中国书画和团扇体验活动""戒尺制作体验活动""沙瓶画制作体验活动""毛笔制作体验活动""香牌制作体验活动""砚台雕刻手工体验活动"等。

传统插花艺术体验活动（图片来源："上海文庙"微信公众号）

开放主题展览

开放主题展览是上海文庙空间利用和功能发挥的重要途径。现时的上海文庙常设的主题展览有碑刻展、奇石展、根雕造型艺术展、尧缔茶壶展、古籍善本展和周慧珺书法艺术展。除此之外，结合市民喜闻乐见的主题，上海文庙还不定期举办特色展览。

2014年1月24日，上海文庙举办"载梦联花久久红"春联大会，大会共征集来自海内外楹联爱好者的春联万余副，并邀请八十位书法家现场为市民书写春联送祝福。同时工作人员在文庙大成殿前的广场上摆好笔墨纸砚，供群众在现场书写春联，表达对新春的期盼和祝福。此外，值得一提的是精彩而又难得的2012年9月29日的上海文庙"历代深衣展"，将从先秦到明清时期的历代深衣用复原的方式充分展示出来。经学研究者吴飞先生，经过数年的研究考据和文献整理，将上溯先秦两汉深衣，下至清代江永深衣，通过扎实的学识，

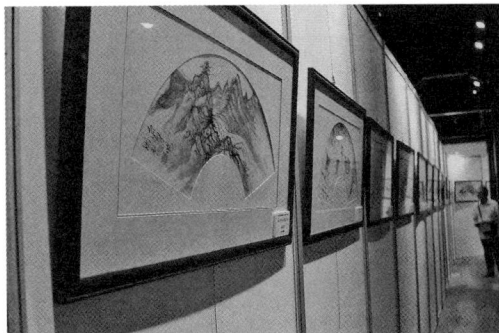

上海文庙书画展览
（图片来源："上海文庙"微信公众号）

上海文庙楹联体验活动
（图片来源："上海文庙"微信公众号）

将历代十二套具有代表性的深衣成功复原，得以和世人见面。
"历代深衣展"重现儒者衣冠，无论在儒学界、经学界、历
史学界还是服装界都具有重要的意义。各种特色展览和手工
制作活动也使上海文庙的传统文化氛围为之一新。

重构新文脉：
承办学术会议
反思儒学

上海文庙在新的历史条件下，反思儒学，定期举办"与孔子对话"系列儒学研讨会，并出版了一系列学术论文集。

儒学研讨会

2004年借庆贺上海文庙大成殿重新修缮之机，为纪念孔子诞辰2555周年，上海文庙管理处、上海中西哲学与文化比较研究会、上海伦理学会联合举办了"上海文庙第二届儒学研讨会"。研讨会倡导"与孔子对话"，旨在通过儒学与中华民族精神凝聚力问题的探讨，思考并设计儒学资源中的价值因素和现代社会文明的融合。此后为复兴儒学，"与孔子对话"系列儒学研讨会每两年在上海文庙召开一次。[1]

十多年来，上海文庙儒学研讨会围绕"与孔子对话"这一大的主题，已经组织了多次"与孔子对话"系列研讨会，但每次会议又具有新的主题，如第三届讨论"儒学现代生命力"，第六届讨论"儒家的公正与民生思想"。会议主要由上海学界学者参加，集中呈现了上海学界儒学研究的最新成

[1] 长林、庭平：《上海学者的儒学研究要更有作为——上海文庙第二届儒学研讨会综述》，见朱贻庭主编《与孔子对话——新世纪全球文明中的儒学》，学林出版社2005年版，第300页。

果，并在此基础上出版"上海文庙儒家文化研究丛书"。

"上海文庙儒家文化研究丛书"

到目前为止，"上海文庙儒家文化研究丛书"已经出版了八辑，每一辑都有不同的研究主题：2005年8月和9月学林出版社先后出版了《与孔子对话：新世纪全球文明中的儒学》（丛书第一辑）和《儒家文化与和谐社会》（丛书第二辑），2007年上海辞书出版社出版《与孔子对话：论儒学的现代生命力》（丛书第三辑），从2008至2014年上海辞书出版社每隔一年相继出版《与孔子对话：儒家文化与现代生活》（丛书第四辑，2008年）、《儒家文化与现代人的精神生活：与孔子对话》（丛书第五辑，2010年）、《与孔子对话：儒家的公正与民生思想》（丛书第六辑，2012年）、《与孔子对话：儒家文化与现代文明》（丛书第七辑，2014年），2016年《与孔子对话：反思儒学在近代的命运》（丛书第八辑）于文汇出版社出版。其中，2010年出版的《儒家文化与现代人的精神生活：与孔子对话》一书反思物质主义、拜金主义、享乐主义正冲击下的人们的精神生活，探讨如何"自除心中之奴隶"，从为物所役的桎梏中解放出来，成就"我"的自由人格。[1]这在今天似乎更加突出地成为现代人精神生活的中心议题，探讨了现代人精神生活的严峻挑战。2014年出版的《与孔子对话：儒家文化与现代文明》一书收入了学者的一批研究成果，主题主要关于儒家文化的精神特质、资源价值及其实践，学者们以"与孔子对话"为标识，以现代人的学养、视野和方法，联系古今沿革、中西比较的背景，梳理、诠释、反思儒家思想遗产，深入考察儒家文化传统的现代转化及其发展。[2]

[1] 朱贻庭主编：《儒家文化与现代人的精神生活：与孔子对话》，上海辞书出版社2010年版。
[2] 朱贻庭主编：《与孔子对话：儒家文化与现代文明》，上海辞书出版社2014年版。

复兴传统文化，弘扬儒学精神是当前物质文明和精神文明建设的需要，上海文庙作为曾经的沪上文脉和儒学圣地，时至今日依然有精神守望地的特殊意义。儒学研讨会在上海文庙的召开和"上海文庙儒家文化研究丛书"的出版，体现了上海文庙在传承儒家文化、推进儒学研究、弘扬传统文明方面的特殊功能和价值。

附录

唐时措记

上海县襟海带江，舟车辏集，故昔有市舶，有榷场，有酒库，有军隘、官署、儒塾、佛仙宫馆、氓廛贾肆，鳞次而栉比，实华亭东北一巨镇也。至元壬辰春，圣天子以华亭地大，民众难理，命分高昌、长人、北亭、海隅、新江五乡凡二十六保立县，上海因以名，隶松江府，从参政冀公之请也。领户六万四千有畸，岁计粮十有二万余石，酒醋课程中统钞一千九百余锭。初，主簿郜将仕首至，是年闰六月二十二日，卜廨理事，惟旧榷场厅宇，向为镇守总管府运粮千户所，因之居不安焉。且庭宇湫隘，藏椟无庋，系囚无围。大德戊戌秋，方议迁。十月，适有并海舶、归四明之命，官吏例革，衙宇空闲，是造物者以遗县而莫克专。问之邑父老曰可，问之邑士大夫曰可，申之府蓄牧郡佐曰可，申之省台揆鼎辅愈曰可。己亥四月札下，俾移置。厅堂两庑较旧衙倍宽，而在在缺陋，大费补茸。且时值风雨交作，海潮涌怒，沉庐漂屋，渺狝一壑，县庭仅撑立而牖壁无完，殆不可居。今达鲁花赤雅哈雅忠显，见而戚然，曰："县所以理民事治，所以耸民瞻，非若舶之仅储商货而已，守舶之旧而不思改观以雄井邑，又将以舶目吾县，锦何为而制？琴何为而鸣？殊失圣朝移置之意。"于是衰然捐己赀为举首，尹夏承务、丞范从仕，薄侯将仕交赞以和，邑里富室募金乐助，委司吏姜济董之，以责其成。市甋木覽竹灰钉，创谯楼三间，二户四窗，门于下以谨出入，鼓于上以报更点。面楼而井于东西，所以养不穷；环井而树其前后，所以表芘荫。葺琴堂之陋，持吏舍之摧；俨神祠之饰，完圄扉之关。使听讼有庭，宴息有堂，祷祀有祠，徽缧有圄。经始于大德壬寅正月既望，阅六旬讫事，无靡公藏，无劳民力。屶然山之轩，绳然星之联，粲然霞之鲜，治与县称，县与郡称。既成，来谒记于学。广文傅君嵩在告，时措以前职摄领，辞不可。窃喜其敏于事而下不烦，故为记其颠末。及从而告之曰："楼非徒丽谯也，必思更鼓分明，无愧乎萍乡；井非徒绠也，必思变苦为甘，无惭乎虞城；树非娱眄悦神、蔽阳来吹而已也，必思植桃如河阳，种柳如彭泽，使居人爱之如甘棠，不忘之如角弓可也。"嗣兹政和讼简，百废具兴。时措也，徜徉盛时，谈咏风物，当扶杖登楼，东望沪渎招沙鸥水禽，北望吴江邀溪翁钓友，西望机山而呼石上之云，南望昆山而接岩顶之月，问排峦之苍苍、平原之穰穰、片玉之煌煌，尚无恙否。已而下乞清泉一勺，归洗老眼，看细字以销残年，此愿足矣！若夫至偃之室则无公事，吾不敢。大德六年三月记。（弘治《上海志》卷5《建设志》）

元贞元年建学记

邑有学始于汉，至魏，令县五百户置校官。唐开元，敕州、县，乡置一学，择师教授。宋庆历，学者二百人许置县学，由是黉舍遍诸邑。其制虽亚频宫，所以右文隆礼、化民成俗无异。盖取古者郑人游乡校，百里皆有师之遗意也。上海旧为镇，尝像先圣先师于梓潼祠，又有古修堂为诸生肄习之地。至元辛卯，割华亭东北五乡立县；甲午，扁县学。县尹周汝楫洎教谕诸执事，方营建未遑，圣上龙飞，首下崇儒之诏。明年改元，浙西廉访佥司朱君思诚按行是邑，适与予偕至。越二月朔，率其属拜宣圣殿。时县僚迫以田粮四出，皆不得预邑事，因诿乡贵万夫长费拱辰修葺之。费诺，乃饰正殿，完讲堂，买邻地而起斋舍。不三阅月，沉沉翼翼，如至邹鲁之间，游洙泗之上矣。窃尝谓道不可一日废，教亦不可一日废，上洋襟江带海，生齿十数万，号东南壮县，今庙学一新，将见选师儒、聚生徒，闻弦诵之音，睹乡饮酒之仪，化蕃商为逢掖，易帆樯为笔砚，其或礼义不行，人才不出，狱讼不稀，盗贼不息，余弗信已。既毕工，周尹汝楫、唐教时措等恨已志之难伸，恐人善之将泯，求予文以纪其成。故书汉、魏、宋兴学之由与今日关系之大者，俾刻石。若夫栋宇之未备，器皿之未全、图像之未足，尚有望于邑之诸君。元贞元年十二月记。（弘治《上海志》卷5《建设志》）

上海县儒学重修记

本学教谕泰和尹如恢撰
中大夫太濮寺卿本邑吴敬□
奉直大夫礼部员外郎本邑张□惇篆□

古之有国家者，则必设学校，以导民性。故虞有上庠、下庠，夏有东序、西序，□□□□□学□□雍成均。秦汉以降，率是而行之则治，违是而废之则否。明效大验，不可诬（下缺）圣朝圣圣垂统，内设胄监，外设府州县学，教育贤才，于是遐陬绝漠，先王声教之所未（下缺）圣皇嗣大历服，励精图治，九虑天下，学校弗获实材，特命重臣访举文学贤明之官。布司□□宪（下缺）京畿设御史，专心提督，务臻实效。其教养之至，旷古所无有矣。上海为畿内大邑，学校得监察御史永丰彭公祖期时加巡历，每至即布宣上敕，开谕训条，恢阔儒官，仪范后学，其责任之职称矣。正统四年己未春，龙泉萧公启，以监察御史持节□按南之直隶，澄清庶政，聿新宪度。及至是邑，临学谒圣，因见文庙倾倚，门堂狭□弗堪，遂命□□乃曰："斯学贤才，已喜彭侍御公之激劝矣。而学之未治者，皆在尔等之所当为。"□时邑令张□□、贰尹蒋侯文恺，奉行为倡。得邑之好事者曰陆友常，鼎建文庙；陆大本更新学□暨灵星门；金□英竖会食堂，完教谕私宅；曹用常覆饰仪载门。增新于己未之秋，而冬则落成焉。观者于此，第□祭祀有庙，会馔有堂，进退有门，栖止有宅，严严翼翼，壮伟闳耀，莫不啧啧称善。咸曰："萧侍御公□伟绩也。学既新，金谓（宜）予为文，以纪其盛。予谓学校乃王政之本也。学校兴则贤材出，贤材出而治效著。兹学也，非彭公之绳勉，固无以致贤材之克底有成；非萧公之增修，又无以致规模之伟观，如是也耶？若二公者，诚足以副风纪耳目之寄，是宜刻诸词。故记。正统六年岁在辛酉秋七月望日。

上海县县县丞荆门冯选庐陵萧在涧御 主簿杞邑李鉴 典史密邑孟泰立石

（碑文引自上海博物馆图书资料室编《上海碑刻资料选集》，上海人民出版社1980年版，第460—461页。）

上海县重修儒学记

赐进士出身中顺大夫南京太常寺少卿泰和欧阳塾撰

上海儒学，倾圮久矣。乃丁酉秋七月，梅侯凌云来莅之翌日，谒先师庙，见殿宇庑门敝焉颓焉；登明伦堂，见垣墙斋室剥焉毁焉；阅祭器，见笾、豆、罍、爵皆废缺无几。乃蹙然曰：庙不饬，何以崇敬？堂不饬，何以崇教？器不备，何以崇祀？鸠工所不免矣。然以劳费为初政惧，拟撤邑之废寺淫祠为材，借学之岁入义租为工食，众志金同。请诸监司肆肇工役，凡三阅月，而敝者理，颓者葺，剥者完，毁者佽，废者修，焕然备矣。教谕杨君元永，率诸生问记于侯，侯辞不敏；复以叩问予，且欲兴起多士而重其词。予辞不获，则乃言曰：学校之设，所（以）明人伦也。后世举业盛而实行衰，虽沿古之敷奏明试所不废者，而其弊则竞蒍藻、媚三司、徼□名、取近利而巳尔。明伦之学，藐焉无闻，有司视之，亦末落第二义。侯百务未遑，先此汲汲，可以明志；易邪为正，□有于无，不出公帑，不敛民膏，而财力办，可以明政；崇德之志，可以明教；因成之政，可以明治；治教明矣，可以明学。学修于侯，尔诸师士德之。诸师士之自修其学也，独不有然者乎？孟子曰："万物皆备于我矣。"言仁义礼智之德，亲义序别信之道，随分各足，不少亏欠；犹庙之有殿宇庑门，堂之有垣墙斋室，器具之有笾、豆、罍、爵也。庙堂器具，□一不备，则恻然而不忍矣。而于性之四端五典，顾契然旷而不居，舍而不由，放而不之求乎？又曰："非由外铄我也，我固有之也。"言仁义礼智之德，亲义序别信之道。不假外求，思则得之；犹庙堂器具之修，不耗公财，不损民力，而自足也。财伤民劳，则恻然而不忍矣。而求性之四端五典，顾靡然不反诸心，不有诸身，而剚窃于闻见，支离于训诂，汩溺于词章乎？亦可慨矣！故曰崇德之志，可以明教；因成之政，可以明治；治教明矣，可以明学。尔诸师士其无负立学明伦之意，梅侯修学之心哉！其无负今日维新之机，而尚乖于自修之道哉！

嘉靖十七年戊戌十一月癸巳吉旦

县丞　丁滔　崔祯　叶时雍　莫自贤

主簿　曾璟

典史　黄克正

训导　伍超　谈文惠。

（碑文参考上海博物馆图书资料室编《上海碑刻资料选集》，上海人民出版社1980年版，第461—462页。）

上海县重修儒学记

赐进士出身资政大夫太子少保礼部尚书兼翰林院学士经筵官国史副总裁郡人陆树声撰文

赐进士出身中奉大夫四川等处承宣布政使司右布政使邑人潘允端书丹

赐进士出身嘉议大夫广西等处提刑按察司按察史邑人徐汝翼篆额

国家郡邑，建学以敷教登俊，其幸惠元元意甚厚。故守若令之知政体者，必以崇奖学校为上务。然非有知礼好义，能赴公家之急者，慷慨承□□□□□而修举废坠，以佐助右文之化。惟上海之学之圮久矣，先后贤有司，盖尝惓惓起敝是规。乃或举其细，而未遑其巨；饰其文，而未崇其实。何□□□□□苦于间阎之县罄也。属今杨侯始莅政，顾瞻黉宇，扼掔咨嗟曰："适合不理，势且莫支，是在得人，宜可兴复。"于是邑谕邹君、训徐君、张君、□□□□□□□德、张所敬、乔皋、沈德师等，合辞以进，谓邑有善人朱锦，为义于乡，恒恐弗及；是役非锦无可任者。侯闻而喜，按籍得邦赋之美□，百金有奇。召锦而□□□□锦谢弗领。曰："吾姑殚我力。"退而相度，因革所宜，乃伐木陶甓，必精好毋窳。誓工师曰："必若营尔居，毋偷毋惰。"悉出其苍头、厮养，不□□□□□仍□□□暮立工所，程督不休，体为之惫。或讽少息，曰："吾姑殚我心。"自春仲迄于初秋，凡七越月而厥功告成。为堂、为斋，正其倾，补其缺，□□□□□□旧□□□□阶坦。茸其所有，增其所无，拓其所未广，加于旧者十之五；为阁撤其朽腐，易其栏槛，新其瓴甋，加于旧者十之七；为殿易故，以新易□，□□易□，以□九。它若为庑，为仪门，为灵星门，为官廨，为吏舍，靡不焕然改观。而敬一亭之毁于风雨，兴坚坊之废于回禄者，则从鼎□焉。□□□□□于所给□□□称贷弃产，而色愈和，言愈让，强授以所给，则复为买田百亩于学宫。于乎！吾所称知礼好义，能赴公家之急者，非斯人其畴□□？所助（下缺）国家右文之化者，非浅鲜矣！先是邑先达潘恭定公获祠于乡贤，仲嗣方伯君大新祠宇，并新名宦文昌二祠，宫墙已隐隐生色。□几□□□□□□□□年来未有之伟观，岂兴废固自有时耶？于是杨侯乐观厥成，将勒石庙门，表扬厥美。谓诸生陆文焘等，宜乞言于鸿巨。余惟学校之兴废□□□□□□之久敝，而杨侯慨图兴复，方伯君首倡义举，又得知礼好义如锦者，为之慷慨承任其间，以有此成绩，是可以卜文运矣！海邑人士，其将有□□□起□□是皆不可泯泯也。乃不辞而书之，以昭示罔极，且为人文宣朗之左券云。杨侯名遇，仁和人，登丙戌进士。邹君名明良，无锡人，以乡举。任今□□□□□张君名问政，俱吴人。锦子国辅，冲年嗜学，克赞厥功，并勒之石。

万历十九年岁次辛卯七月吉旦　教谕　邹明良　训导　徐文　张问政。

（碑文参考上海博物馆图书资料室编《上海碑刻资料选集》，上海人民出版社1980年版，第463—464页。）

署上海县事司理毛公重修儒学文庙记

国家设直指使者，巡行天下郡邑，而又佐之李官，廉访诸利弊焉。直指使职要，李官职详，以故李官之权，几与直指使□。而□□□□□□□□□□□□未临，李官业已取前矛往，案一切部事，侯弭节而受成。车尘马迹，什九在外。偶一归沐，则台宪之檄，交驰诸郡邑。衣赭□望□□□□□□□，如是者□虚旦，间郡守相、邑令长缺移祝代庖，以李官行守令事，亦不过日月至焉。无能昕夕勾校之为兢兢，更欲其离刺讯之□，履弦诵之□，□从章缝辈扬□今古，施恩于芹藻之区，益又难矣。岂其意所不易于哨聚。而钱谷讼谍，与豪猾之作奸，甲于他邑，非得重望者弹压之不可。于是郡司理遂安毛公，来署余邑。公恂恂雅雅，含采酝奇，如浑金璞玉，而神明天授，累岁之积逋，与向隅之隐情，凭社之宿蠹，悉数计而烛照。又如流云走电，转盼立决，不崇朝而庭空若洗。帘垂昼永，青衿士持方寸赫蹄，录经生语，□□就正□手为丹铅，而甲乙之；拔其尤者，剞劂而传之。绰然劈而纷纠，而又衾然频伸启址。既能使梧丘之魄，无恨于灰骨；而又能使阳春之调，不混于□□。邑士民争歌衮衣，惟恐飞鸿之遵渚也。甫匝月，今邑侯南昌李公至，公乃解邑篆，还治圉官事。临发而总核其所，应入之饩如干两，无丝粟□。念先师庙日就圮□，捐而输之，为城平丹雘费。于是庀材鸠工，而庚诸爽塏。中而堂，左右翼而庑，自樨星以达戟门，轮奂轩如，斯干奕如。师生以其间趋玱祭菜，济济秩秩，如□秋当□。比士登南北贤书者九，其盛倍曩时，又公凤所衡鉴，而章相者也。学博士黄君，偕其僚夏君、郑君属诸文学，聚而谋曰："公□官也，邑事其摄位也，信信宿宿，又非积棘所能久借也。犹然不以传蘧视之，开荣洒泽波及于吾横校，舍其旧而一朝闸焉，其振且大。矧吾侪有专职，朝于斯，夕□斯，敢不□□□教。率先多士，尔多士亦安可自为菲薄，呰窳薜越，以有负于公？虽然，岁久则事湮，事湮则志懈，微要灵于金石，令诸生习礼其间，□回留之常见，公所以□橹盛心，其何以识不忘，片石可以为师保，其亟图乎！"乃牵率而来征余言，以记其事。猗与休哉！假令当局者人尽公也，兼才能宜于左右，真实心能信于士大夫，则到处可为功业。谁谓期月不可千秋哉！盖公之岳峙渊峙，类李文简；饮冰茹蘖，类赵清献；发覆摘伏，类钱宣靖；焦心嵩目，吐哺握发，历寒暑不辍，□有韩忠献风。集古李官之长，而文之以礼乐，恢恢乎游刃有余地。余固知公它日建竖，当有挟日月、贯穹址、勒诸旂常竹帛，不贞珉而永者方始，记其施于海上之一斑云。公名一鹭，字序卿，射策甲辰榜进士。黄君名居中。夏君名直卿，郑君名浦，于法得并载。

万历三十四年丙午季秋之吉

赐进士出身承德郎刑部河南清吏司主事治年弟邑人黄体仁撰文

赐进士第翰林院庶吉士治年弟邑人徐光启书篆

上海县知县李继周　儒学署教谕事举人黄居中　训导夏直卿　郑浦同立石

新科举人：张肇林　张元珙　龚为光　唐国士　潘伯翙　顾国缙　董羽宸　王升　范景文

通学生员：徐□孙、刘永祎、戴士鳌、徐学颜、杨绍科、徐采齐、杜汝锡、董崇礼、朱舆、朱礼端、王金章、张云翰、宋成、金人英、乔时英、王万纪、戴元良、张元珑……王元圭、傅以中、潘尔光、乔拱明、唐汝□、夏元□

督工□□潘□

（碑文参考上海博物馆图书资料室编《上海碑刻资料选集》，上海人民出版社1980年版，第466—470页。）

重修县学记

上海学始于至元，而大备于延祐。自殿堂斋庑而外，有所为（谓）蕉石堂、酸窝、洗心亭、天光云影池；有片洲、有止庵、有杏坛、有盟鸥渚、舞雩桥、苍松翠竹，森然并秀，呜呼盛矣！胜朝踵事增华，有所为养贤堂、致道斋、育英斋、三友轩、射亭、观德堂，及东西号房二十二。维时名公巨卿，后先相望，彬彬郁郁，坐可言而起可行。尝阅洪武图记，谓三代而下，惟嬴秦不务学校。下之虽六朝五代，犹不敢弛。永乐时，明诏天下，谓人才为治世之本，而学校又为人才之本，令铨选者先择司教，而后及其余。噫！可谓知所务矣。今皇上儒重道，加意作人，固巳海内诚和，人文蔚起。尤慎简儒臣，而重之以董戒之职。乙未秋，宜兴张公，亲承温旨，驰驿来任。与武进巢公，称同方同术，日进诸生而导之，以孝友睦姻之行，义利邪正之闲。顾濒海岁比不登，庶事阙略，于学宫都未整饬。无论蕉石诸胜，不复可考。而殿堂斋庑，亦巳日就圮落。公瘳然念之，谋所以更新者不遑。寒暑时典，揭具晨炊。召诸生而讲治之。张瑛等方具词请宪，适部郎吴公铨请假旋里，左右周览，默计其工料如数。慨然曰："是予之责也。"辇致良材若干，瓦埴若干，土石煤漆若干，役匠若干，于丁酉孟秋启土，凡三阅月而竣工。顾瞻之间，翚飞鸟革。郡守李公、邑宰陈公，顾而乐之。指示诸生，谓可教者之念之也至殷，而部郎之应之也如响。事如有待，道不虚行，不其然乎？不其然乎！盖吴公祖籍徽州，自其曾王父迁居邑之周浦镇，去县治四十里。方成童时，父远公间尝率之观礼于学，见前后栋宇剥落，指而叹曰："此惟有志者能为之，非异人任也。"公固已心识之。厥后宦游粤西之全州，及养利州，拊循之暇，必于学校为兢兢，笃父志也。今顾视桑梓，阙焉废坠。其能袖手退耶？远公名中毅，至行醇谨，里之人能道之。奉学宪林公檄，已尸祝俎豆于学，面其于能笃念前人，确守其志，亦可谓贤矣！因述其事而为之记。

赐进士出身翰林院编修蔡嵩撰

松江府知府加十级纪录十一次李文渊

上海县知县加一级纪录十三次陈锜

署教谕事举人张锺岳，训导巢执中，县丞左熟，主簿金瑞，典史李锡玫，典史李锡玫，

监修生员张瑛、张弘勋、徐学高、山巨禄、曹炉曾、彭顾□、瞿国模、嵇庆□、□□□、嵇庆享、凌□玉、张□、□兆□、□工、张承禧

康熙伍拾陆年玖月□日立

（碑文参考上海博物馆图书资料室编《上海碑刻资料选集》，上海人民出版社1980年版，第470—472页。）

移建上海县学记

上海学故在县治东。宋景定中，里士唐时措始作文昌宫，建古修堂，为诸生肄业地。迨至元卅一年，既立县，遂改为学。至大中，或移县治西，未几复旧址。此后增修不一，而常在东，今毁于火者犹是也。古诸侯之学曰頖宫，曰泮水。《毛诗》郑笺、朱传皆以水释之。学宫之必有水也，所从来远矣。国朝教学加详，上海学当乾隆卅三年，张尹记略云："修其沟道，通池贯门，自肇嘉浜北出方浜，呼吸疏通。"则泮水之形犹可想。乃距今未百年，沟渠湮塞，地逼市廛，尘溷秽积，泮

水至黝黑不可向视，固已失洁清之义矣。今天子纪元之三年，粤闽匪徒袭据上海。乙卯元旦，克复入城，则学宫被焚大半。余方总理善后事宜，修城浚隍外，并谋所以新之。都人士遂以故址焦芜，图请移学于西城右营署基。余按其图式，水脉贯注，城堞环拱，且地远嚣尘，实胜旧址。检志载，其地在胜国为海防道署，因裁故归营今营。复于东南数步，得粤商前置公所地，建衙营基，仅存瓦砾；以之移建学宫，固无不可。既呈大府报允，于是取其地十六亩，并市之民者十二亩有奇。度材致用，而属役于学博章君安行，及诸生贾生履上等，以岁孟秋始事，期月而舍菜焉。门观显严，殿阁崇邃，神位清密，祭用毕修。博士之庐，列于渠外，因地制宜，不侈不陋。于泮水之称，其尚有当。既章君偕生等请余为记。余惟古来学记，蓄道德能文章者为之，乃可垂之久远。如曾南丰《宜黄学》《筠州学》，朱子《静江府学》《铅山县学》诸记，不必官其地始为之也。余不学，大惧无所发明。以救时弊，己不获辞，则曰："移建固得所矣。然所以移、建者，岂不亦以闽粤匪徒据城时，官庐尝被不洁哉！天下无学，贼民兴，所谓无学，非必学校废也。诵章句，课文字，而内不能修身，外不能镇俗，其尤浮薄者，至与商贾竞淫侈，乃匪人之耳。而目之者，因乘间求餍其欲，此世变之所以亟也。然则余及都人士宜各痛自惩艾，亟亟明伦，以倡乡里，以合情谊。而由体及用，至于成谋问囚之故，罔不究心焉。庶不负圣朝教学之意，而古道复见于今。"与闻者题余言，因撮其要为记，而识其细于碑阴。

咸丰六年岁在柔兆执徐修相月、总理上海善后局事护理江南苏松太道定海蓝蔚雯谨记。

门六：曰儒学门、仪门、棂星门、戟门、东西耳门。坊二：曰金声、玉振。棂星门内泮池一，石梁三。内为甬道，为东西两庑，为月台，为大成殿。殿后别垣为崇圣祠、东西庑，前耳门左右为名宦祠、乡贤祠。自儒学门进为明伦堂，为东西官厅。堂后别垣为尊经阁。仪门东为忠义孝弟祠。又东隔河为学土地祠，为教谕署，斋厨庖湢悉备，缭以周垣。又于河之南，置地为宫墙璧水。凡地以亩计者，廿八有奇；土木工费钱以缗计着，二万八千。就善后局支拨。他如神牌、宝阁、神橱、供座、爵、卣、边（笾）、豆、几、俎、炉、镫、扁额、帘幔、罘罳之属，以及种树浚池，皆出都人士捐资。

督造官师：前苏松太道赵德辙　前松江府知府薛焕署松海防同知吴煦　松海防同知蔡映斗　署上海县知县孙丰　上海县知县黄芳　上海县学教谕章安

委员：张华封

监工绅士：刘枢　李钟瀚　王承基　王庆勋　曹树珊　郁松年　翁尊三　江承桂　葛学礼　王廷铨　沈蔡　张承颐　李钟烈　姚际唐　赵楠　顾曾铭　沈兰生　郭儒栋　贾履上　赵豫川　王庆均　朱锡典　王恩溥　郑德钟　江永清　艾德坤　费培镇　田锡祚　徐恩灏　曹晟　杨尚敏　沈廷简

（《移建上海县学记》碑现保存于上海文庙，碑文参考上海博物馆图书资料室编《上海碑刻资料选集》，上海人民出版社1980年版，第472—474页。）

重修上海县儒学记

上海之有学自元始，旧在县治东。咸丰癸丑，粤闽乱民据城叛，而学以毁。乙卯城复，乃移建今址。护道蓝公蔚雯勒石纪其事，谓地与市远，胜旧址焉。越庚申，城又被围。其时东南糜烂，军实饷源所自出，借以规复江浙者，全在乎此。大吏深忧之。会西兵来，以火器击贼退。乃商调入城协守，分驻邑庙及南园。凡室庐之遭践者不少，而学复稍稍毁。同治癸亥，全省肃清，西兵始撤。前观察丁公日昌诣学循视，慨然曰："西人不知学之为学，固不足怪；司斯土者能无恧乎！"遂率属倡捐，而正殿两庑之神主，及戟门、欞星门，先复其旧，以费绌停工。甲子秋，宝时握道篆，亟请于肃毅伯李大中丞，拨款续之，报可。遂鸠工计值，择良材、选坚覽、运瓦辇石，六阅月而告成。凡殿庑堂阁学斋坊表之属，罔不整葺。并增纪恩坊于欞星门南，恭录两次恩广学额谕旨，志旷典也。又念春秋释奠。旧无乐器，而祭器亦损失。因属司事者按谱增置，自簠簋、尊、叠，以至琴、瑟、钟、虞咸具如式。计用金钱一万缗有奇。司事者乞为文记之，宝时应之曰：是举也，丁观察倡之于前，李大中丞成之于后，宝时何力之有？焉用文之以滋恧乎！无以，则有一说焉：夫学者，所以维天理，正人心者也。是故大学之教，自格致诚正，以至修齐治平，其条理既已秩然。而学者所亟宜剖析者，尤在义利之辨，董子曰："皇皇求仁义，常恐不能化民者，卿大夫之意也。皇皇求财利，常恐匮乏者，庶人之行也。"上海夙称财薮，爰起戎心，二十年三遭兵燹，诸生以为利利耶？利害耶？茍知利之为害，当思义之为利；思义之为利，则必人人亲其亲，长其长，家弦歌而户礼乐，相规相劝，以求践乎圣贤之途，使异域殊方，皆向风慕义，谋闭而不兴，盗窃乱贼而不作，是即学之大效，而义之大利也。宝时于敬业、蕊珠两书院外，督课龙门，与诸生讲求身心性命之学，崇正祛邪，重义黜利，意犹是夫！爰本此意，为诸生告，且期与邑大夫共勉之焉。

同治六年三月□日。

永康应宝时撰并书。

监修：上海县知县王宗濂，上海县教谕章安行、胡景星，候补知县孙玉堂，绅士：曹树珊、贾履上、郑德锺、王恩溥、徐恩灏、倪学称。

峰玉徐怡卿镌。

（《重修上海县学记》碑现保存于上海文庙，碑文参考上海博物馆图书资料室编《上海碑刻资料选集》，上海人民出版社1980年版，第474—476页。）

（一）史志

［1］郭经，唐锦等. 弘治上海县志. 明弘治十七年刊本.

［2］郑洛书修. 高企等纂. 嘉靖上海县志. 明嘉靖三年刻本.

［3］史彩修. 叶映榴等纂. 康熙上海县志. 清康熙二十二年刻本.

［4］范廷杰修. 皇甫枢纂. 乾隆上海县志. 清乾隆四十九年刻本.

［5］王大同修. 李林松等纂. 嘉庆上海县志. 清嘉庆十九年刻本.

［6］应宝时修. 俞樾等纂. 同治上海县志. 清同治十一年刻本.

［7］吴馨等修. 姚文楠等纂. 民国上海县志. 民国二十四年铅印本.

［8］吴馨等修. 姚文楠等纂. 民国上海县续志. 民国七年木刻本.

［9］穆相遥修. 杨逸等纂. 民国上海市自治志三编. 民国四年铅印本.

［10］秦荣光. 上海县志札记. 清光绪二十八年铅印本.

［11］上海市南市区志编纂委员会. 南市区志. 上海：上海社会科学出版社，1993.

［12］王孝俭. 上海市上海县志. 上海：上海人民出版社，1993.

［13］顾清. 正德松江府志. 明正德七年刊本.

［14］宋如林等修. 孙衍星等纂. 嘉庆松江府志. 清嘉庆二十二年刻本.

［15］博润等修. 姚光发等纂. 松江府续志. 清光绪十年刊本.

［16］杨静茹. 苏州府学志. 苏州：苏州大学出版社，2013.

［17］赵昕修. 苏渊纂. 康熙嘉定县志. 清康熙十二年刻本.

［18］闻在上修. 许自俊等纂. 康熙嘉定县志. 清康熙二十三年刻本.

［19］程其珏修. 杨震福等纂. 光绪嘉定县志. 清光绪八年刻本.

［20］范钟湘，陈传德修. 金念祖等纂. 民国嘉定县续志，民国十九年铅印本.

［21］冯鼎高修. 王显曾等纂. 华亭县志. 清乾隆五十六年刻本.

［22］杨开第等. 重修华亭县志. 清光绪四年刻本.

［23］王钟. 法华乡志. 民国十一年铅印本.

［24］方鸿锴，陆炳麟修. 黄炎培纂. 民国川沙县志. 民国二十六年铅印本.

［25］金福曾，顾思贤修. 张文虎等纂. 光绪南汇县志. 清光绪五年刻本.

［26］方岳贡修. 陈继儒纂. 崇祯松江府志. 明崇祯三年刊本.

（二）资料与资料汇编

［1］陈其泰等. 历代文庙研究资料汇编. 北京：北京图书出版社，2012.

［2］冀亚平. 孔庙残碑. 杭州：浙江古籍出版社，2006.

［3］顾炳权. 上海历代竹枝词. 上海：上海书店出版社，2001.

［4］顾炳权. 上海洋场竹枝词. 上海：上海书店出版社，1996.

［5］宫衍兴，王政玉. 孔庙诸神考孔庙塑像资料编. 济南：山东友谊出版社，1994.

［6］耿素丽，陈其泰. 历代文庙研究资料汇编. 北京：国家图书馆出版社，2012.

［7］黄本铨等. 上海滩与上海人. 上海：上海古籍出版社，1989.

［8］林牧. 阳宅会心集. 清代嘉庆十六年刻本.

［9］刘豁公. 上海竹枝词. 上海：雕龙出版部，1925.

［10］陆森年等. 工部局董事会会议录. 上海：上海古籍出版社，2001.

［11］孔庙和国子监博物馆. 孔庙国子监论丛. 北京：中国社会科学出版社，2013.

［12］牛树梅. 文庙通考. 浙江书局. 清同治十年木刻本.

[13] 庞钟璐. 文庙祀典考. 江苏广陵古籍刻印社.

[14] 孙逊，钟翀. 上海城市地图集成. 上海：上海书画出版社，2017.

[15] 上海市政协文史资料委员会. 上海文史资料存稿汇编. 上海：上海古籍出版社，2001.

[16] 上海师范大学图书馆. 上海方志资料考录. 上海：上海书店出版社，1987.

[17] 上海博物馆图书资料室. 上海碑刻资料选集. 上海：上海人民出版社，1980.

[18] 上海通社. 旧上海史料汇编. 北京：北京图书馆出版社，1988.

[10] 上海通社. 上海掌故丛书. 台湾：成文出版社，1983.

[20] 沈云龙主. 近代中国史料丛刊（第24辑）. 台北：文海出版社，1966.

[21] 孙文光. 中国历代笔记选粹. 上海：华东师范大学出版社，1998.

[22] 唐钺，朱经农，高觉敷. 教育大辞书. 上海：商务印书馆，1933.

[23] 姚继荣. 清代历史笔记论丛. 北京：民族出版社，2014.

[24] 姚金祥. 上海方志提要. 上海：上海社会科学院出版社，2005.

[25] 诸葛忆兵. 宋代科举资料长编：综合卷. 南京：凤凰出版社，2017.

[26] 诸葛忆兵. 宋代科举资料长编：南宋卷. 南京：凤凰出版社，2017.

（三）专著

[1] 陈定山. 春申旧闻. 台北：世界文物出版社，1979.

[2] 陈传平. 世界孔庙. 北京：文物出版社，2004.

[3] 崔永泉，刘红宇. 中国文庙（孔庙）未来之梦. 长春：吉林文史出版社，2013.

[4] 邓爱民，桂橙林. 长江流域的文庙书院. 武汉：长江出版社，2015.

[5] 邓定人. 中国考试制度研究. 上海：民智书局，1929.

[6] 高明士. 东亚教育圈形成论. 上海：上海古籍出版社，2003.

[7] 顾炳权. 上海风俗古迹考. 上海：华东师范大学出版社，1993.

[8] 顾明远. 教育大辞典（第8卷）. 上海：上海教育出版社，1991.

[9] 海燕. 黄浦江傍的民俗与旅游（上）. 呼和浩特：远方出版社，2004.

[10] 胡务. 元代庙学——无法割舍的儒学教育链. 成都：巴蜀书社，2005.

［11］卢群. 文庙：郡学甲天下. 南京：东南大学出版社，2004.

［12］蓝钟瑞等纂. 陈锦订. 文庙丁祭谱. 济南：山东友谊出版社，1989.

［13］李兵. 血榜：中国科举疑案. 北京：中国民主法制出版社，2015.

［14］刘亚伟. 远去的历史场景：祀孔大典与孔庙. 济南：山东文艺出版社，2009.

［15］刘续兵，房伟. 文庙释奠礼仪研究. 北京：中华书局，2017.

［16］刘新. 儒家建筑文庙. 北京：中国建筑工业出版社，2013.

［17］刘海峰等. 中国考试发展史. 武汉：华中师范大学出版社，2002.

［18］邓爱民，桂橙林. 文庙书院. 武汉：长江出版社，2019.

［19］柳肃. 文庙建筑. 北京：中国建筑工业出版社，2013.

［20］陆其国. 老上海迷人风情. 上海：中国福利会出版社，2004.

［21］马长林. 上海历史演义. 杭州：浙江人民出版社，1999.

［22］郑家栋. 道德理想主义的重建. 北京：中国广播电视出版社，1993.

［23］庞钟璐. 文庙祀典考. 扬州：江苏广陵古籍刻印社，1988.

［24］彭蓉. 中国孔庙建筑与环境. 郑州：中州古籍出版社，2011.

［25］彭一刚. 建筑空间组合论. 北京：中国建筑工业出版社，1998.

［26］曲英杰. 孔庙史话. 北京：社会科学文献出版社，2011.

［27］上海市税务局. 黄浦江旧景. 上海：上海美术出版社，2006.

［28］上海市群众艺术馆. 上海的传说. 上海：上海翻译出版公司，1985.

［29］沈兼士. 选士与科举：中国考试制度史. 桂林：漓江出版社，2017.

［30］许国兴，祖建平. 老城厢：上海城市之根. 上海：同济大学出版社，2011.

［31］王炳照等. 简明中国教育史. 北京：北京师范大学出版社，1994.

［32］王鹤鸣，王澄，梁红. 中国寺庙通论. 上海：上海古籍出版社，2016.

［33］谯枢铭等. 上海史研究. 上海：学林出版社，1984.

［34］伍江. 上海百年建筑史（1840—1949）. 上海：同济大学出版社，1997.

［35］熊月之. 上海通史. 上海：上海人民出版社，1999.

［36］薛理勇. 老上海城厢掌故. 上海：上海书店出版社，2015.

［37］徐侠. 清代松江府文学世家述考（上）. 北京：生活·读书·新知三联书店，2013.

［38］姚继荣. 清代历史笔记论丛. 北京：民族出版社，2014.

［39］杨大禹. 儒教圣殿：云南文庙建筑研究. 昆明：云南大学出版社，2015.

［40］叶梦珠撰. 来新夏点校. 阅世编. 上海：上海古籍出版社，1981.

［41］杨莉. 民国时期天津文庙研究. 北京：社会科学文献出版社，2018.

［42］张亚祥. 江南文庙. 上海：上海交通大学出版社，2009.

［43］张希清，毛佩琦，李世愉. 中国科举制度通史（明代卷）. 上海：上海人民出版社，
　　　2017.

［44］汤伟康，杜黎. 沪城风俗记. 上海：上海画报出版社，1991.

［45］张侯纂著. 朱轼，蔡世远订. 文庙贤儒功德录. 济南：山东友谊出版社，1989.

［46］张春华著. 许敏标点. 沪城岁事衢歌. 上海：上海古籍出版社，1989.

［47］朱贻庭. 儒家文化与现代人的精神生活：与孔子对话. 上海：上海辞书出版社，2010.

［48］朱贻庭. 与孔子对话：儒家文化与现代文明. 上海：上海辞书出版社，2014.

［49］《中华文明史话》编委会. 孔庙史话. 北京：中国大百科全书出版社，2007.

［50］邹律姿. 湖南文庙与书院 儒家文化的载体. 北京：文物出版社，2004.

［51］左靖. 文庙：儒家的先贤祠. 北京：金城出版社，2014.

（四）期刊

［1］陈江. 明代中晚期的礼仪之变及其社会内涵——以江南地区为考察中心. 史林，2006
　　　（01）.

［2］陈宝良. 叶梦珠生卒年. 读书，1985（08）.

［3］邓凌雁. 空间与教化：文庙空间现象及其教育意蕴的生成. 河南大学学报：社会科学版，
　　　2017（5）.

［4］冯玉荣. 明末清初社会变动与地方志的编纂——以《松江府志》为例. 中国地方志，
　　　2008（07）.

［5］顾延培. 上海文庙的变迁. 档案春秋，2005（12）.

［6］顾承甫. 关于《阅世编》作者叶梦珠生平. 史林，1987（02）.

［7］广少奎. 斯文在兹，教化之要——论文庙的历史沿革、功能梳辨及复兴之思. 河南大学学报：社会科学版，2017（5）.

［8］广少奎，高群. 社会变迁背景下文庙褒奖功能论析. 宁波大学学报：教育科学版，2019（6）.

［9］华子. 上海文庙史证. 上海师范大学学报：哲学社会科学版，1994（2）.

［10］华子. 劫火话城南（续）：三文庙公园. 上海生活，1938（4）.

［11］黄新宪. 福建庙学探讨. 福州大学学报：哲学社会科学版，2009（5）.

［12］江功举. 关于《阅世编》作者叶梦珠的生卒年问题——兼与来新夏同志商榷. 成都大学学报：社会科学版，1983（02）.

［13］蓝日模，周洪宇. 学庙：地域文化交互中的特殊媒介——以桂越两地文庙为例. 教育科学，2017（03）.

［14］陆其国. 上海小刀会风云录. 人生与伴侣：月末版，2014（12）.

［15］陆路.《阅世编》所见清初地方官学制度. 江汉论坛，2018（10）.

［16］尼生. 上海史话：文庙与文庙公园. 上海生活，1937（6）.

［17］沈可天. 上海文庙印象记. 铁工阵线，1937（7）.

［18］宋燕鹏. 南宋地方官学的修建与士人的参与. 安徽师范大学学报：人文社会科学版，2012（1）.

［19］唐红炬. 文庙的保护与利用：应在冲突中寻求和谐. 中国文物科学研究，2007（2）.

［20］王慎，王配. 文庙：儒家文化的象征——以宁远文庙为考察对象. 中华文化论坛，2017（08）.

［21］王启元. 寻找徐光启的"城北外桃园". 上海地方志，2019（02）.

［22］于书娟，刘红英. 空间生产理论视域下的文庙教育空间实践. 宁波大学学报：教育科学版，2019（06）.

［23］佚名. 文庙尊经阁拆卖. 友声，1931（4）.

［24］佚名. 祀孔的文庙：于今已五迁. 上海生活，1941（4）.

［25］赵国权，周洪宇. 游走于传统与现代之间：对文庙再定位的几点思考. 河南大学学报：

社会科学版，2017（5）.

[26] 张晓旭. 论古代苏州文庙府学的教育成就. 南方文物，2002（4）.

[27] 张学强. 教学内外——明清地方儒学教师功能初探. 河北师范大学学报，2008（7）.

[28] 张学强. 明清地方儒学教师考核制度论略. 西北师大学报：社会科学版，2009（6）.

[29] 张学强. 为官与为师——明清地方儒学教师出路研究. 西北师大学报：社会科学版，
2006（6）.

[30] 张亚群. 泮池考论. 孔子研究，1998（1）.

[31] 张亚群. 孔庙和学宫的建筑制度. 古建园林技术，2001（2）.

[32] 张国鹏. 新学人与旧文化：民初嘉兴拆毁文庙之探析. 历史教学问题，2017（03）.

[33] 周保平. 书院的布局及释奠、释菜之礼——以河南书院庙学为视阈. 首都师范大学学
报：社会科学版，2011（6）.

[34] 周洪宇，赵国权. 文庙学：一门值得深入探究的新兴"学问". 江汉论坛，2016（5）.

[35] 朱琳，申子慧. 明清苏州日常生活剪影. 江苏地方志，2017（04）.

[36] [乌克兰] 卡普拉诺夫·谢尔盖. 上海文庙的历史和现状. 乌克兰研究，2016.

（五）硕博学位论文

[1] 杜怡顺. 上海清代中前期著述研究. 复旦大学博士学位论文，2012.

[2] 冯超卿. 北京孔庙建筑研究. 北京建筑工程学院硕士学位论文，2012.

[3] 房伟. 文庙祀典及其社会功用. 曲阜师范大学硕士学位论文，2010.

[4] 柳雯. 中国文庙文化遗产价值及利用研究. 山东大学博士学位论文，2008.

[5] 彭蓉. 中国孔庙研究初探. 北京林业大学博士学位论文，2008.

[6] 徐菁. 老城厢第一街——方浜路. 同济大学硕士学位论文，2005.

[7] 张国鹏. 政权与信仰变革下的民国文庙. 南开大学硕士学位论文，2016.

（六）其他资料

［1］晚清民国期刊全文数据库.

［2］申报数据库.

［3］中国历史文献库.

［4］上海档案信息网.

［5］上海文庙官方网站.

［6］"上海文庙"微信公众号.

［7］"周慧珺书法艺术馆"微信公众号.

后记

这个世界的某个时间某个地方，总有什么能够触动心灵，一座城，一本书，抑或是一段温暖的记忆，就会让人开启一段或长或短的发现之旅，体验意料之外的他者境遇。曾经在上海这座城市读书，度过了紧张而又充实的硕士生涯，去过浦西繁华的南京东路和熙熙攘攘的城隍庙、豫园，但那时的我并不知道距此不远处，保存着上海文庙。

在上海读书时，无缘探访这一藏于闹市的文庙，读博期间的机缘巧合下，承接了《上海文庙研究》一书，再次把我拉回上海。从2016至2020年，为实地查访上海文庙而数次往返武汉和上海。从实地考察、资料整理到架构行文历时一年半，多年后或许我依然能够回想起这段苦行僧般的生活。

2016年春，我面对的首要问题便是：什么是上海文庙？上海文庙是一个还是多个？本书最终只写了一个狭义的、实至名归的上海县学文庙，也就是今天上海黄浦区老城厢文庙路上的南市文庙。

实地考察阶段，每天至少四五个小时耗费在路上，每次出行都要换乘三次以上。上海的六月，正值江南梅雨季节，闷热潮湿的天气像是一个时常捉弄人的顽童，恶作剧似的连连阴雨。等不到雨停，为了抓紧时间收集史料、拍摄照片，每天背着电脑，提把雨伞，套上防水鞋套，带着备用手机和充电宝出门。强烈的压力和目标驱动下，整个人沉浸在一种应激状态中。

每天头脑中徘徊着：我在哪儿？今天去干什么？怎么去？几点返程？手机导航找公交路线，步行导航找目的地。到了地方以后，查找相关史料，拍照，复印，扫描。孤本不让复印也不让扫描的话，就敲入电脑。在方志馆里日复一日地坐冷板凳，为节省时间多看会儿资料，告诉自己把这一条材料翻完再走，时常把偶然找到的珍贵资料当作强心针。

《上海文庙研究》的资料整理又用了将近一年时间，除阅读通史外，搜集了明清诸多版本的《上海县志》，包括弘治《上海志》、嘉靖《上海县志》、万历《上海县志》等，以及后续编著的《上海县志》《南市区志》《黄浦区志》。

2017年春节，在河南老家过完初五立即回到武汉，开启到湖北省方志馆每天打卡的日子。正月十五以前，方志馆里基本上每天只有我一个读者，馆藏的几部《上海县志》全是又厚、又沉、又大的精装影印版，托着厚重的方志，一天下来肌肉酸疼。

最痛苦的时候也是知识扩展最快的时候，资料梳理中有了许多收获，也纠正了学界的谬误。譬如，结合同治《上海县志》中"咸丰十年夏，粤寇犯境，以西兵协防，屯驻学宫，神牌暂移于关帝庙内"的记载，发现上海文庙的第四次迁址，即上海文庙曾一度暂迁大境关帝庙。而以往学者只以"惋惜""战乱"之词将太平天国阶段的上海文庙之历史一带而过。

本书的行文架构和后续修改也很是波折。一方面缺乏前人系统的研究，市面上没有关于上海文庙的专著出版，没有可以参阅的读本；另一方面，因为各个文庙保护情况不一样，形成整套书之间统一的章节结构确有操作困难。相比于年代久远、规模宏大、保存较好的曲阜孔庙、西安文庙、苏州文庙等有上千年历史的高级别国庙、府庙，上海文庙只有七百多年历史。更让人扼腕叹息的是，历史上上海文庙五次迁址，曾因火灾、小刀会起义、淞沪会战等因素屡次被毁，这些无疑增加了本书的写作难度。

目前的上海文庙基本是一座20世纪八九十年代重建的仿古式建筑群，但并非依据民国样貌复原，昔日的泮池、泮桥等没有重修，故而上海文庙里真正年代久远的历史遗存数量有限。几度迁址，几度破坏，几度重建，上海文庙建筑规模不复当年。

在上海实地考察和收集资料过程中，得到了上海师范大学老同学的热情帮助。由衷感谢历史系陈涛博士，古代史专业的张惠惠，近代史专业的李园园。感谢历史课程教学论专业的王朝、张鑫、马天宝、姚丹婷、杨丹萍，他们的陪伴让我感受到弥足珍贵的同学情。感谢曾经的室友、比较文学专业的张慧，在上海的日子里收留了漂泊的我。

在传统与现代之间，我们思考着上海文庙的历史、价值和影响。上海文庙曾是上海的文脉，是传统文教事业的地标，即便暂时被损毁，却从未在历史舞台中缺席，很快得以重修重建。超越建筑空间的狭隘定义，上海文庙体现为一个承载了诸多层面意义的集合体，它是大儒先贤祭祀空间、封建官学教育空间、儒生生员信仰空间、传统道德守护空间和历史记忆空间。上海文庙牢牢地在人们的伦理信仰中生根，统摄着人们的心灵，成为维系传统道德和精神信仰的不朽丰碑。

因初涉庙学，水平有限，本书并不成熟完善，难免有谬误和不尽人意之处，敬请广大读者批评指正。

最后，感谢上海文庙、上海图书馆、华中师范大学图书馆、湖北省图书馆、黄浦区图书馆、上海师范大学图书馆。本书写作过程中，得到了周洪宇教授、赵国权教授、蒋伟编审、周红心编审、苏文静副编审、董丁编辑等人的支持和帮助，在此深深地感谢他们。

邓凌雁

图书在版编目（CIP）数据

上海文庙研究 / 邓凌雁著 . — 济南 ：山东教育出版社，2021.10
（中国文庙研究丛书 / 周洪宇总主编）
ISBN 978-7-5701-1631-7

I.①上… II.①邓… III.①孔庙—研究—上海 IV.① K928.75

中国版本图书馆 CIP 数据核字 (2021) 第 056519 号

SERIES OF STUDIES
ON
CHINESE
CONFUCIUS
TEMPLES

中国文庙研究丛书

A
STUDY
ON
SHANGHAI
CONFUCIUS
TEMPLE

上海文庙研究

邓凌雁 著

选题策划：蒋 伟 苏文静
责任编辑：苏文静 董 丁
责任校对：赵一玮
装帧设计：姜海涛

主管单位：山东出版传媒股份有限公司
出 版 人：刘东杰
出版发行：山东教育出版社

地　　址：济南市市中区二环南路 2066 号 4 区 1 号
邮　　编：250003
电　　话：(0531) 82092660
网　　址：www.sjs.com.cn

印　　刷：山东临沂新华印刷物流集团有限责任公司
开　　本：720 毫米 ×1020 毫米　1/16
印　　张：16.25
字　　数：210 千
版　　次：2021 年 10 月第 1 版
印　　次：2021 年 10 月第 1 次印刷
印　　数：1–2000
定　　价：73.00 元

如印装质量有问题，请与印刷厂联系调换，电话：0539-2925659